元登記官からみた
抹消登記のポイント

著 青木 登（元東京法務局豊島出張所総務登記官）

新日本法規

は　し　が　き

　不動産登記の目的は、不動産の物権変動の過程を正確に公示し、不動産の取引の安全に資する点にあると解されます。

　ここで、不動産の物権変動とは、所有権の移転、抵当権の設定等、積極的な物権の変動を中心としていると思われ、それに関する登記について、各種の論考がなされているのが現状と思われます。

　一方、売買契約が解除されたり、抵当権の被担保債権が弁済されると、所有権の登記や抵当権の登記を、実体的な権利関係と符合しない登記として消去する必要が生じます。

　この場合になされる登記が「抹消登記」ですが、それは、消極的に権利関係を元に戻す登記として、結果的に登記が抹消できれば足りるとしてか、「抹消登記」に特化した論考は少ないものと考えられます。

　しかし、例えば、抵当権の登記が抹消されていたとしても、その登記原因によっては、当該抵当権の被担保債権が消滅しているとは限らないのであり、抹消登記とその登記原因は、第三者に重大な利害関係を有する場合もあるので、単に「抹消できれば足りる」との態度は相当ではないと考えられます。

　本稿は、法理論に基づく理解と経済的作用の観点から、抹消登記に特化してその機能と効果を論じたものです。登記事務の理解、処理の一助となれば幸いです。

　本稿の出版には、新日本法規出版株式会社出版渉外局の森聡氏をはじめ、出版に携わっていただいた方々から御指導、御助言をいただきました。厚く謝意を表します。

　　令和元年9月

　　　　　　　　　　　　　　　　　　　　　青　木　　登

略　語　表

本書で使用した主な法令等・判例・参考文献等の表記方法は、次のとおりです。

① 法令等

本文中は原則として正式名称を用い、解説等の根拠として掲げる場合は、次のように略記しました（〔　〕は本文中の略語を示します。）。

不動産登記法第80条第1項第3号＝（不登80①三）

平成27年10月23日民二第512号民事局長通達

　＝（平27・10・23民二512）

また、法令等の略語は次のとおりです。

不登	不動産登記法	抵証	抵当証券法
不登令	不動産登記令	抵証則	抵当証券法施行細則
不登規	不動産登記規則	登税	登録免許税法
不登準則	不動産登記事務取扱手続準則（平17・2・25民二456）	非訟	非訟事件手続法
		非訟規	非訟事件手続規則
記録例〔記録例〕	不動産登記記録例（平28・6・8民二386）	民	民法
		民執	民事執行法
会社	会社法	民訴	民事訴訟法
信託	信託法	民保	民事保全法
税徴	国税徴収法	民保規	民事保全規則
滞納強制調整	滞納処分と強制執行等との手続の調整に関する法律	利息	利息制限法

② 判　例

判例については、次のように略記しました。

最高裁判所平成9年6月5日判決、判例時報1624号86頁

　＝（最判平9・6・5判時1624・86）

また、判例出典の略称は次のとおりです。

判時	判例時報	民録	大審院民事判決録
判タ	判例タイムズ	登情	登記情報
民集	最高裁判所（大審院）民事判例集		

③　参考文献

参考文献の略称は、次のとおりです。

登研	「登記研究」（テイハン）
登情	「登記情報」（金融財政事情研究会）
登先	「登記先例解説集」（金融財政事情研究会、民事法情報センター）
登記イン	「登記インターネット」（民事法情報センター）
登記原因	青木登著『登記官からみた　登記原因証明情報　作成のポイント』（新日本法規出版、第3版、2014）
真正名義	青木登著『登記官からみた　「真正な登記名義の回復」・「錯誤」－誤用されやすい登記原因－』（新日本法規出版、第2版、2014）
相続登記	青木登著『登記官からみた　相続登記のポイント』（新日本法規出版、2014）
抵当登記	青木登著『抵当権・根抵当権登記のポイント－設定から実行まで－』（新日本法規出版、2014）
不登実務	不動産登記法実務研究会編『問答式　不動産登記の実務』（新日本法規出版、1998～）

④　参照項目

本書中の他の項目を参照する場合は、参照先の項目を「 12 」の形で表示しました。

目　次

第1章　総　論

ページ

1　抹消の登記の意義……………………………………………3
2　抹消の登記の登記原因証明情報……………………………6
3　抹消の登記原因としての「錯誤」…………………………8
4　抹消の登記原因としての「解除」…………………………10
5　抹消の登記原因としての「無効」…………………………12
6　抹消の登記原因としての「判決」…………………………14
7　抹消の登記原因の日付………………………………………16
8　抹消の登記請求権の根拠……………………………………18
9　登記申請の委任の解除を理由とする、既になされた登記
　　の抹消の可否…………………………………………………21
10　抹消の登記における第三者の承諾…………………………24
11　登記の抹消請求訴訟と利害関係人に対する承諾訴訟……26
12　中間省略登記に対する抹消請求の可否……………………28
13　承継執行文付与による登記の抹消…………………………30
14　抹消の登記と更正の登記、真正な登記名義の回復による
　　権利の移転の登記の異同……………………………………32
15　登記官が職権で抹消しなければならない無効な登記……34
16　無効な登記として却下事由とされる「登記すべきもの
　　でないときとして政令で定めるとき」の具体例…………37

第2章　各　論

第1　所有権に関する登記の抹消

17　所有権の登記の抹消の場合の利害関係人……………………43
18　所有権の保存の登記（区分建物の場合を除く）の抹消………46
19　所有権の保存の登記（区分建物の場合）の抹消………………49
20　判決による所有権の保存の登記の抹消…………………………52
21　法律行為の「錯誤」を原因とする所有権の移転の登記の
　　抹消…………………………………………………………………54
22　「錯誤」による親権者から未成年者への贈与を原因とす
　　る所有権の移転の登記の抹消……………………………………57
23　「錯誤」による相続を原因とする所有権の移転の登記の
　　抹消…………………………………………………………………59
24　登記名義人の全員が相続放棄をした場合の相続の登記の
　　抹消…………………………………………………………………61
25　「解除（合意解除）」による所有権の移転の登記の抹消（通
　　常の場合）…………………………………………………………63
26　「解除（合意解除）」による所有権の移転の登記の抹消（相
　　続登記の場合）……………………………………………………67
27　売主の相続人の解除（合意解除）による所有権の移転の
　　登記の抹消…………………………………………………………69
28　債権者代位権行使による所有権の移転の登記の抹消…………71
29　詐害行為取消権行使による所有権の登記の抹消………………74
30　譲渡担保権消滅による所有権の移転の登記の抹消……………76
31　所有権の登記の抹消の場合の登記権利者、登記義務者の
　　氏名、名称、住所の変更の登記の要否…………………………79
32　分筆転写により順位1番となった所有権の移転の登記の
　　抹消…………………………………………………………………82

33 「合併による所有権登記」の抹消の申請の可否……………… 85
34 無効な合筆登記の後になされた権利に関する登記の抹消……… 88
35 「競売による売却」を原因とする所有権の移転の登記の
   抹消の可否…………………………………………………………… 92
36 土地の所有権の放棄による所有権の登記の抹消……………… 94
37 所有権の登記に対する不動産登記法69条による抹消の単
   独申請の可否………………………………………………………… 96
38 共有名義の所有権の登記が一つの登記でなされている場
   合の共有者の一人についての持分権の抹消…………………… 99

第2 用益権に関する登記の抹消

39 存続期間満了による地上権の登記の抹消……………………… 102
40 抵当権の目的となっている地上権の登記の抹消……………… 104
41 地役権が移転しない別段の定めがある場合の要役地の所
   有権の移転に伴う消滅……………………………………………… 106
42 転借権の登記のなされている賃借権の登記の抹消…………… 108
43 共有者の一人の合意がないのに設定された賃借権の設定
   登記の抹消…………………………………………………………… 110

第3 抵当権に関する登記の抹消

44 抵当権の登記の抹消の前提としての登記名義人の住所等
   の変更の登記の要否………………………………………………… 112
45 共有物の全体に設定されている抵当権の登記に対する共
   有者の一人からの抹消申請………………………………………… 114
46 所有者に相続（合併）が生じた場合の抵当権の登記の抹
   消……………………………………………………………………… 116
47 抵当権者に相続（合併）が生じた場合の抵当権の登記の
   抹消…………………………………………………………………… 118

48	「弁済」「解除（合意解除）」「放棄」による抵当権の登記の抹消	121
49	「主債務消滅」による抵当権の登記の抹消	124
50	「混同」による抵当権の登記の抹消の申請人	127
51	「混同」による抵当権の登記の抹消の添付情報	130
52	後順位抵当権者による先順位抵当権の登記の抹消	132
53	順位変更の登記の抹消	134
54	抵当権の一部移転の登記がある場合の原抵当権の債権の消滅と一部移転した債権の消滅	136
55	転抵当の目的となっている原抵当権の消滅	139
56	移転の付記登記のある抵当権の抹消	141
57	転抵当の抹消	143
58	順位譲渡（放棄）の登記がある場合の順位譲渡をした抵当権の登記の抹消	145
59	抵当権消滅請求による抵当権の登記の抹消	147
60	共有持分権を取得した者の抵当権消滅請求	149
61	抵当証券が発行されている抵当権の登記の抹消	151
62	代理権不消滅の規定の適用による抵当権等の登記の抹消	154
63	登記義務者の所在不明の場合の除権決定による抵当権の登記の抹消	156
64	登記義務者の所在不明の場合の弁済証書の提供による抵当権の登記の抹消	158
65	登記義務者の所在不明の場合の供託による抵当権の登記の抹消	160

第4　根抵当権に関する登記の抹消

66　「解除（合意解除）」「弁済」「放棄」「混同」による根抵当権の登記の抹消……………………………………………………163

67　根抵当権の登記の抹消と利益相反行為……………………166

68　元本が確定したとして、第三者の権利の登記がある場合の元本の確定の登記の抹消………………………………………169

69　元本の確定後、一部代位弁済による根抵当権の一部移転の登記がされている場合の代位債権者の債権の消滅…………171

70　元本の確定後、一部代位弁済による根抵当権の一部移転の登記がされている場合の原根抵当権者の債権の消滅………173

71　一部代位弁済により（準）共有となっている根抵当権の原債権と代位債権の同時消滅……………………………………176

72　根抵当権の全部譲渡の登記の抹消と設定者（所有者）の承諾………………………………………………………………178

73　根抵当権の登記の「抵当権消滅請求」による抹消……………181

第5　買戻特約に関する登記の抹消

74　買戻特約の登記の抹消方法………………………………………183

75　買戻権者が買戻権行使により所有者となった場合の買戻特約等の登記の抹消……………………………………………186

76　買戻期間満了による買戻特約の登記の抹消………………188

第6　信託に関する登記の抹消

77　信託財産の処分による信託の登記の抹消……………………191

78　信託終了による所有権の移転の登記と信託の登記の抹消……193

79　信託財産を受託者の固有財産とした場合の信託の登記の抹消…………………………………………………………………195

第7 抹消に関する仮登記

80 抹消の仮登記の可否……………………………………………… 197
81 所有権の登記の抹消の仮登記に基づく抹消の本登記………… 200
82 所有権以外の権利の登記の抹消の仮登記に基づく抹消の
　　本登記…………………………………………………………… 203

第8 仮登記に関する登記の抹消

83 仮登記の登記名義人の単独申請による仮登記の抹消………… 206
84 所有権の移転の仮登記後、第三者に所有権の移転の登記
　　がある場合の当該仮登記の抹消……………………………… 209
85 仮登記に基づく本登記及び仮登記の抹消……………………… 212
86 仮登記に基づく本登記のみの抹消……………………………… 214
87 所有権移転仮登記がなされた後、その仮登記所有権の移
　　転の仮登記がされている場合の所有権移転仮登記の抹消…… 216
88 所有権移転仮登記がなされた後、その仮登記所有権の移
　　転請求権の仮登記がされている場合の所有権移転仮登記
　　の抹消…………………………………………………………… 218
89 所有権移転請求権仮登記がなされた後、移転請求権が移
　　転した場合の所有権移転請求権仮登記の抹消……………… 220
90 所有権移転請求権仮登記がなされた後、移転請求権に移
　　転請求権が存する場合の所有権移転請求権仮登記の抹消…… 222
91 「混同」による所有権移転請求権仮登記の抹消……………… 224
92 仮登記した抵当権に移転の仮登記がある場合の仮登記し
　　た抵当権の抹消………………………………………………… 226
93 抵当権設定請求権の仮登記に対し、移転の登記、移転の
　　請求権仮登記がある場合の抵当権設定請求権の仮登記の
　　抹消……………………………………………………………… 228

第9 抹消回復の登記

94 抹消回復登記の要件 …………………………………………… 230
95 同順位担保権の一方の抹消回復の場合の他方担保権者の
   承諾 ……………………………………………………………… 233
96 登記官の過誤により抹消された登記の抹消回復登記の根
   拠 ………………………………………………………………… 235
97 抹消回復登記の申請人 ………………………………………… 237
98 仮登記の抹消回復と利害関係人の承諾 ……………………… 239

第10 仮処分に関する登記の抹消

99 仮処分の登記に後れる登記の抹消と仮処分の登記自体の
   抹消の形態 ……………………………………………………… 242
100 仮処分の登記に後れる登記の抹消（所有権の場合） ……… 245
101 仮処分の登記に後れる時効取得を原因とする所有権の
   登記の抹消 ……………………………………………………… 249
102 仮処分の登記に後れる登記の抹消（所有権以外の権利
   の場合） ………………………………………………………… 252
103 仮処分の登記に後れる処分制限の登記の抹消 …………… 254
104 所有権の処分禁止仮処分の登記後の根抵当権の移転、
   債権の範囲の変更の登記を仮処分権者が単独で抹消申
   請することの可否 ……………………………………………… 256
105 抹消登記未了のまま登記義務者が死亡した場合の抹消
   登記請求権保全の仮処分の相手方 …………………………… 259
106 仮処分の効力を援用せず、抹消しなかった仮処分の登
   記に後れる登記の抹消 ………………………………………… 262

第11 特殊な登記の職権抹消

107 予告登記の職権抹消……………………………………… 265
108 強制競売による所有権の移転の場合の、滞納処分に関
　　する差押え、参加差押えの登記の抹消…………………… 267

第 1 章

総 論

2

1　抹消の登記の意義

　既になされた権利の登記が、実体上の権利関係と符合しない場合に、当該登記が効力を有しない（無効）ことを公示する登記です。

1(1)　権利に関する登記の抹消は、登記上の利害関係を有する第三者がある場合には、当該第三者の承諾があるときに限り、申請することができる、と規定されています（不登68）。
　　　しかし、この規定は、権利の登記の抹消が申請できる場合とは、どのような場合なのか、直接明示しているとは考えられません。
(2)　そこで、不動産登記法の目的は「不動産に関する権利を公示」する（不登1）、つまり、物権変動の過程を忠実に登記記録に反映する点にあるので、この点から権利に関する登記の抹消の意義を考える必要があります。
(3)　権利に関する登記の抹消が申請できる場合とは、既になされた登記が実体上の権利関係と符合しなくなった場合と考えられます。
　　　実体上の権利関係と符合しない登記は無効であり、無効であることを「公示」することによって「取引の安全と円滑に資する」（不登1）ことができると考えられるからです。

2(1)　既になされた登記が実体上の権利関係と符合せず無効と解されることになる原因は、始めから存する場合と、後発的に生じる場合があると考えられます。
(2)　無効の原因が始めから存する場合とは、登記実務上、抹消の登

記原因として一般的に用いられていると思われる「錯誤」（ 3 ）の場合が代表的です。錯誤による法律行為は、取り消し得べき法律行為とされ（民95①）、取消しの結果登記原因とされる法律行為は無効となります（民121）。

　　また、既になされた登記が公示する権利が、「不存在」の場合も考えられます。
(3)　後発的に無効の原因が生じる場合とは、物権契約の「解除（解約）」（ 4 ）等、法律行為による場合もあれば、「期間満了」（ 39 ）等講学上、事件とされる場合も考えられます。
(4)　いずれにしても、これらの原因は、抹消の登記の申請に添付される登記原因証明情報（不登61）上、明確にされる必要があります（ 2 ）。特に担保物権の登記の抹消の場合には、被担保債権との関連に注意する必要があります（ 48 ）。

3(1)　また、「更正」と「真正な登記名義の回復」との関係も注意すべきです（ 14 ）。
(2)　抹消の登記がなされるのは、既になされた登記事項の「全部」が、実体上の権利関係と符合しない場合です。「一部」が符合しない場合は「更正」の登記（不登66）の対象となると考えられます。「一部」は実体上の権利関係と符合し、登記の同一性があればその限りで有効と解されるからです（真正名義172頁）。
(3)　「真正な登記名義の回復」を登記原因とする権利の移転は、既になされた登記が無効であり、抹消すべきであるのに、なんらかの原因により抹消できないので、これに代えて、自己の登記名義を移転の形式により保全する方法です。上述1(1)の利害関係人の承諾が得られない場合に用いられるのが典型例ですが、濫用的にも用いられるので、可能な限り、抹消の登記をした上で、権利の

移転の登記をすべきものと解されます。物権変動の過程を忠実に公示する必要があるからです（真正名義45頁）。

4(1) 権利に関する登記の抹消は、申請によるのが原則です（不登68）。
登記権利者、登記義務者の共同申請（不登60）が原則とされますが、単独申請が認められる場合もあります。登記実務上よく見られる例として、判決による場合（不登63）、登記義務者の所在が知れない場合（不登70）（ 63 64 65 ）、所有権の保存登記の抹消の場合（不登77）（ 18 19 20 ）、仮登記の抹消の場合（不登110）（ 83 ）が挙げられますが、その規定の趣旨を理解する必要があると考えられます。

(2) 他の登記の申請に伴い、登記官が職権によって登記を抹消する場合（不登規152②・173・180）もありますが、各々、その抹消に係る登記を存続させることが無意味であるか、併立させると権利関係が矛盾する場合になされることに留意する必要があると考えられます。

また、例は少ないものの無効な登記を職権で抹消する場合もありますが（不登71）、却下事由（不登25）との関係で理解すべきであると考えられます。

2 抹消の登記の登記原因証明情報

　各々の抹消の登記の登記原因の法的性質に留意して、登記原因証明情報を作成、審査する必要があります。

1(1)　権利に関する登記の抹消（不登68）とは、権利の消滅（不登3）を登記し、公示することと解されます。
 (2)　この登記の抹消の申請にも、原則として、「登記原因を証する情報を提供しなければならない。」と規定され（不登61）、登記原因とは「登記の原因となる事実又は法律行為をいう。」と規定されているので（不登5②括弧書）、結局、抹消の登記の登記原因とは、権利が消滅し、既になされた登記が実体上の権利関係と符合しなくなった原因である、法律行為又は事実と考えられ、登記原因証明情報には、これらが記載されていることを要すると考えることとなります。

2(1)　一般に、法律行為とは、意思表示を構成要素とする、当事者が一定の法律効果を欲する旨を表示し、これに基づいてその法律効果（ここでは、権利の消滅）が認められる法律要件と解されています。
　　　法律行為は、意思表示の態様によって、単独行為、契約と分類されるので、ここから抹消の登記原因である「解除（解約）」「合意解除」を区別して理解することとなり（ **4** ）、登記原因証明情報の作成、審査もこの点から行うこととなります。
 (2)　「弁済」（ **48** ）は、担保物権の登記の抹消の登記原因として用

第1章　総　論

いられますが、準法律行為と解されています。意思表示のように、当事者の意思に基づいて、法律効果が認められるものではなく、債権の内容が実現されたこと、つまり、弁済（債務の履行）によって、被担保債権が消滅するので、担保物権もまた消滅する旨が登記原因証明情報上に記載されていなければならないと考えられます。

3(1)　上述のように、登記の原因となる「事実」も登記原因とされています。それは、「期間満了」「混同」を登記原因とする抹消の登記として申請されます。
 (2)　そこでは、期間計算（民138以下）（ 76 ）や、実体的に権利の混同が生じた旨の具体的事実の記載が留意されなければならないと考えられます。
 (3)　「錯誤」（ 3 ）を登記原因とする例が抹消の登記の大半と思われます。
　　　「錯誤」とは、意思表示の生成において、表意者の主観と現実に不一致があることとされ、法律効果として「取消し」とされ（民95①）、結局「無効」となります（民121）。この点から、実体上の権利関係と登記が符合しない原因として用いられやすいものと考えられます。
 (4)　しかし、錯誤とは、意思表示の生成の過程のどの部分に錯誤が存するかで、その態様が異なり、この点を意識していないと思われる登記原因証明情報が散見されます。
　　　意思表示の生成の過程のどの部分に錯誤が存するか、具体的事実の記載がなければ錯誤の存在は判断できず、また、上記のように、「取消し」によって「無効」となるので、取消権の行使の事実が必要となりその作成、審査には慎重であるべきと考えます。

3 抹消の登記原因としての「錯誤」

　意思表示の錯誤には、表示内容の錯誤と動機の錯誤があります。

1(1)　登記原因とは「登記の原因となる事実又は法律行為」と規定され（不登5②括弧書）、法律行為を構成する要素の一つである意思表示に重要な錯誤があると意思表示は取り消すことができるとされています（民95）。
(2)　したがって、既になされた登記の原因が、意思表示に基づく物権変動である場合、これを「錯誤」として抹消するのであれば、意思表示の表示内容に錯誤があるか、又は動機に錯誤があるかを検討する必要があります。

2(1)　いずれも、この錯誤は法律行為の目的及び取引上の社会通念に照らして重要なものであることが必要です。
(2)　表示内容の錯誤を登記実務上の例から、取引主体、取引客体について検討することとします。
　　①　相手方の同一性に関する錯誤（人違い）は、人的信頼関係を重視する贈与、賃貸借契約では法律行為の重要な部分ですが、現実売買ではこれに該当しないとされています（大判明40・2・25民録13・167）。
　　　　Aに贈与するつもりで、Bに贈与したとして、登記を抹消する例が散見されます。
　　②　取引の客体に関する錯誤で代表的なのは、客体の同一性の錯誤として、甲建物の売買の意思で乙建物と表記し、「錯誤」を原

因として所有権の登記を抹消する例が挙げられます。

　また、目的物の価額、数量に錯誤がある例も考えられます。抵当権の目的物の価額を誤り抵当権を設定した例（大判大3・12・15民録20・1101）が挙げられます。

3(1)　動機の錯誤とは、誤った動機により契約を締結する場合で、大半の錯誤には、この動機の錯誤を伴っているとも考えられます。
 (2)　判例（最判平元・9・14判時1336・93等）は、動機は、明示、黙示に表示されていれば錯誤になると解しています。上記判例では、離婚による財産分与において、税金が課されないと考えていたところ、高額な譲渡所得税が課税された場合、動機の錯誤になるとしています。同様の例として、贈与による所有権の移転をしたところ、高額な税金を支払うこととなったので、この所有権の移転の登記を抹消する申請が散見されるところです。

4(1)　抹消登記、特に所有権に関する登記の抹消登記の登記原因は「錯誤」による例が圧倒的に多く用いられているのが実情と思われます。

　確かに、「錯誤」であれば、法律行為は取り消すことのできる行為となり、取り消した結果「無効」となります（民121）。したがって、既になされた権利に関する登記は、実体に符合しない「無効」な登記となると構成できるので、この原因を用いるのが便利とされていると思われます。
 (2)　しかし、上述の点を認識すると、具体的な事例において、「錯誤」の登記原因証明情報の作成、審査は、むしろ他の登記原因の場合よりも証明する事項が多く、慎重になされる必要があると考えられます（真正名義168頁以下）。

4 抹消の登記原因としての「解除」

　いわゆる「解除」には、法定解除、約定解除、合意解除、解約があります。

1(1)　例えば、現在の登記名義人がAであり、Aの権利取得の原因が法律行為（契約）に基づく場合、A名義の登記を抹消するには、その原因となった契約を「解除」することとなります。つまり、「解除」とは、Aの権利取得の原因となった、有効に成立した契約関係を消滅させ、A名義の登記が、実体と符合しなくなり、無効となる抹消の登記原因と考えられます。

(2)　「解除」には、法定解除、約定解除、合意解除、解約があるとされますが、登記実務上は、意識して用いている例は少ないように思われます。

　　しかし、これらは、いずれも抹消の登記原因としての法律行為であり、そのいずれであるかを証明する情報（不登5②・61）が必要であると考えられます。

2(1)　有効に成立した契約の効力を、当事者の一方の意思表示（単独行為）で消滅させるのが解除であるとされ、法律の規定による場合（法定解除）と、あらかじめ当事者が解除権を留保（約定解除）している場合があるとされています（民540）。

　　売買代金不払による売買契約の解除（民555・541）を原因とする所有権の移転の登記の抹消は法定解除の例と考えられます。

　　一方、抵当権を債務不履行により解除することはないと考えら

れます。抵当権は、債権の担保を目的とするからです。したがって、抵当権の解除とは、約定解除と考えることとなります。

いずれにしても抹消の登記原因は「平成○年○月○日解除」と記録されます（記録例446）。

(2) 有効に成立した契約を、当事者双方の合意で解消するのが合意解除とされています。新たな合意によって契約を解消するので、その本質は「解除契約」と解され、よって、登記原因証明情報には、契約解消についての意思の合致が明示されている必要があることとなります。

登記原因は、「平成○年○月○日合意解除」と記録されます（記録例446）。

(3) 解約とは、継続的な契約関係を将来に向けて解消する場合に用いられ、賃借権の登記の抹消に最も妥当すると考えられますが、その例は少なく、根抵当権の登記の抹消の場合に散見される程度と思われます。

3(1) 以上のいずれの場合にも、その効果について民法上の議論はあるものの、A名義の登記を抹消するについては「登記上」の利害関係人の承諾（**10**）を必要とするので、対第三者関係は、登記記録によって判断すれば足り、登記実務上、問題となる点はないと思われます。

(2) ただし、農地の売買契約において、解除の効果としての原状回復義務（民545①）の理解により、抹消の登記に農地法所定の許可を要するか否かの問題があるのは、後述（**25**）のとおりです。

5 抹消の登記原因としての「無効」

　「無効」を登記原因として肯定する見解がありますが、疑問のあるところです。

1(1)　例えば、所有権の移転の登記の登記原因が「無効」「不成立」の場合、「売買無効」「所有権移転無効」を登記原因として抹消の登記ができるとする有力な見解があります（登研423号126頁）。
　(2)　しかし、現在において、この見解が維持できるか疑問が存するところです。抹消の登記原因も「法律行為」「事実」とされているからです（不登5②）。

2(1)　一般に「無効」とは、ある法律行為に当事者の効果意思の内容に従った法律効果が生じないことと解されています。
　　つまり、売買という法律行為が「無効」と評価された場合、その効果として、売買契約の履行による、既になされた所有権の移転の登記名義の返還が請求できることとなり（それは、民法703条にいう不当利得とも解されます。）、所有権の移転の登記の抹消という形で出現すると考えられます。
　(2)　一方、登記原因とは、「登記の原因となる事実又は法律行為」（不登5②）と規定されているので、抹消の登記にあっては、「無効」という効果が発生する「事実又は法律行為」がその登記原因になるのであって、「無効」そのものが登記原因になるとは考えられません。
　(3)　そうすると、売買契約を無効とする「事実又は法律行為」が抹

消の登記原因となるので、それは「錯誤」「解除」等が登記原因とされるべきであり、「錯誤」により法律行為が無効となる事実や「解除」権が行使されたことが登記原因証明情報に求められることになると考えられます。

3(1)　上記1(1)の見解の「不成立」の意味についても疑問があるところです。
 (2)　これを売買契約の効果がないとの意味と考えれば、それは前述の「無効」と同様になると考えられます。
　　また、当事者の意思の合致がないと考えれば端的に「錯誤」と構成できると考えられ、法律行為の外形すら存在しないときは「不存在」とも構成が可能と考えられます（真正名義226頁以下）。

4　以上の検討によれば、「無効」な場合とは、いずれも「錯誤」「解除」等の場合と収斂することができ、「無効」を登記原因とする抹消の登記は、判決による場合を除いては（ 6 ）適切ではないと考えられます。

6 抹消の登記原因としての「判決」

　「判決」そのものを登記原因として認める先例もありますが、判決の全体から判断し、可能な限り判決の基礎となっている実体関係を抹消の登記原因とすべきです。

1(1)　一般に、登記の抹消を命じる判決では、主文として「被告は、原告に対し別紙目録記載の土地について、錯誤（又は令和○年○月○日解除）を原因として、○○法務局令和○年○月○日受付第○号所有権移転登記の抹消手続をせよ。」と記載されます。
　(2)　この主文例のように、抹消の登記原因とその日付が明示されているのが一般的であり、それが抹消の登記の原因とその日付となるのは当然です。

2(1)　しかし、その原因とその日付が明示されていない場合があり、その特定に苦慮する例があります。
　(2)　先例によれば、判決書に登記すべき権利の変動の原因の記載があるときはその原因により、その記載のないときは原因を「判決」とする、とされています（昭29・5・8民甲938）。
　　　また、その日付は、「不詳」でも足りるとされています（昭34・12・18民甲2842）。
　(3)　このことは、和解、調停による場合でも同様と考えられます。

3(1)　もっとも、通常は判決の全体を読めば、その原因とその日付は特定することができると考えられ、原因とその日付が判決主文に

明示されていなくても、その理由中から判断できる場合もあります。
(2) したがって、判決による登記の抹消の場合でも、できる限り判決の全体からその原因とその日付を判断すべきであると考えられます。

判決による場合でも、抹消の原因となる事実や法律行為が裁判所によって認定され、それによって抹消手続が命じられているにすぎず、登記原因について登記義務者が自認し、作成している、一般の登記原因証明情報を添付した共同申請による抹消の登記と異なるところはないと考えられます。

4(1) よって、安易に「判決」を登記原因とすることは相当でなく、判決文の全体からも登記原因が判断できない場合に限り、便宜「判決」を登記原因とすべきと考えられます。抹消の登記原因が判断できなくても、判決の存在を無視することはできないからです。
(2) ただし、詐害行為取消判決（民424）や、権利の消滅が和解、調停によって生じた場合には、詐害行為取消判決が確定した日が原因日付であり（ 29 ）、和解、調停の成立の日が原因日付となると考えられます。権利の変動自体が、これらによって生じると考えられるからです。

7 抹消の登記原因の日付

　抹消の原因が法律行為によるときは、その効力が生じた日が登記原因の日付となりますが、「錯誤」を登記原因とするときは、日付がありません。

1(1)　抹消の登記についても、権利に関する登記の通則として、「登記原因及びその日付」が登記事項とされています（不登59三）。
 (2)　一方、登記原因とは、登記の原因となる「事実又は法律行為」とされています（不登5②）。
　　　そこで、抹消の登記原因が法律行為によるものなのか否かが、原因日付との関係で検討されなければならないと考えられます。

2(1)　解除、合意解除（ 4 ）は、各々、一方的な解除権の行使か、契約かの相異はあるものの、法律行為である点では同一です。取消、放棄も意思表示に基づく点で同様です。
 (2)　したがって、抹消の原因が、これらの法律行為である場合は、その成立の日又は、その効力が生じた日が登記原因の日付となり、積極的な物権変動のときと異なる点はないと考えられます。

3(1)　しかし、錯誤を登記原因とする登記の抹消では単に「原因　錯誤」と記録されるのみで、その日付は記録されません（例えば記録例249・253）。
 (2)　これは、「錯誤」の性質によるものと考えられます。
　　　「錯誤」による場合、既になされた登記が「無効」であること

を意味していると考えられます。

　そうすると、既になされた登記の日から無効な登記がなされているので、その日付は、その無効な登記がなされた日となると考えられます。

　しかし、このことは、既になされた登記の日付の記録から判断できるので、「錯誤」の日付を改めて記録する必要はないと考えられます。

8 抹消の登記請求権の根拠

その根拠について種々の議論がありますが、いずれにしても、手続法としての不動産登記法の制約があると考えます。

1(1) 「真実の権利関係に合致しない登記があるときは、その登記の当事者の一方は他の当事者に対し、いずれも登記をして真実に合致せしめることを内容とする登記請求権を有するとともに、他の当事者は右登記請求権に応じて登記を真実に合致せしめることに協力する義務を負う」とするのが判例です（最判昭36・11・24民集15・10・2573）。
 (2) その根拠の説明については、学説上議論のあるところです。
　　以下に登記実務に則して考えることとします。

2(1) Aが所有権を原始取得又は承継取得したことがないのになされた所有権保存の登記や、表題部の相続人でないのになされた所有権保存の登記（不登74①）は無効であり「錯誤」を原因として抹消されます。このことは、真実の所有者Bは、一種の物権的請求権（妨害排除請求権（民198））をAに対し有するので、Aは自己名義の登記の抹消の義務を負うと理解することができます。
 (2) また、Aの登記が法律行為（例えば売買契約）に基づきなされ、売買契約が解除（合意解除）された場合、この売買契約は遡及的に無効となり契約はなかったことになると解すると、Aが得た登記は不当利得となり、原状回復義務（民545①本文）を負うと理解することができます。

一方、解除によっても売買契約は消滅するのではなく、Aは前主Bに対して原状回復義務として、B名義の登記を回復する債務を負い、その履行としてA名義の登記を抹消する義務があるとの見解があります。
　　この見解によればBへの所有権の移転の登記も可能となると考えられます（譲渡担保の解除の場合につき記録例234参照）。
(3)　合意解除の場合には、AB間でBに所有権を復帰させることを目的とする新たな解除契約があると解され（ 4 ）、この契約の履行として、A名義の登記を抹消することもできるし、Bへの所有権の移転の方法によることもできると解されます（登研113号36頁）。

3(1)　以上のように抹消の登記請求権の根拠は物権的、債権的に説明されていますが、いずれも不動産登記法の手続上の制約は免れないと考えられます。
(2)　例えば、2番A→B、3番B→C、4番C→Dと売買によって所有権の移転の登記がなされている場合、AB間の売買が無効であるとします。
　　この場合、Aは利害関係人としてのC、Dの承諾を得て、直接2番のB名義の登記を抹消することはできず、4番、3番の順で登記を抹消した上で2番の登記を抹消することとなります（昭43・5・29民甲1830、昭51・10・15民三5415）。
　　権利の抹消であっても、その過程は公示されなければならないと考えられるところ、抹消の登記の対象は手続上、現に効力を有する登記であり、4番、3番の登記を抹消しなければ2番の登記は現に効力を有する登記とならないからです。
(3)　4番、3番の登記の抹消では、各々、DとCが登記義務者（不登2十三）となって申請されることとなりますが、D、Cがその登記に

協力しないときは、AはBに対する抹消登記請求権を被代位権利として、債権者代位権（民423①）を行使し、4番、3番の登記を抹消することとなると考えられます（ 28 ）。
(4) この4番、3番の登記の抹消手続を回避するため、「真正な登記名義の回復」を原因として、D→Aへの所有権の移転の方法による申請が散見されるところですが、この方法によるのは原則として相当でないのは前述（ 1 ）のとおりです。

9 登記申請の委任の解除を理由とする、既になされた登記の抹消の可否

　登記権利者、登記義務者の登記申請の委任契約の相互の関係と、委任の解除ができる要件を検討する必要があります。

1(1)　例えば、司法書士Aは、土地の所有者Bと同土地の買主であるCの双方から、売買による所有権の移転の登記申請の委任を受けた後、Bから同登記申請に必要な書類の返還を求められたにもかかわらずこれを拒否し、所有権の移転の登記を申請した場合に、Bは同登記は、無効であるとして、その抹消を請求できるかが問題となります。

　(2)　これに関しては、AB、ACの登記申請の委任契約の関係と、Bの委任契約の解除を有効とするための要件を検討する必要があると考えます。以下、判例の見解によって、検討することとします。

2(1)　AB、AC間の登記申請委任契約は、単に併立しているとも考えられるところ、判例（最判昭53・7・10判時908・44）は、「売主である登記義務者と司法書士との間の登記手続の委任に関する委任契約と買主である登記権利者と司法書士との間の登記手続の委任に関する委任契約とは、売買契約に起因し、相互に関連づけられ、前者は、登記権利者の利益をも目的としているというべきであり、司法書士が受任に際し、登記義務者から交付を受けた登記手続に必要な書類は、同時に登記権利者のためにも保管すべきものというべきである。したがつて、このような場合には、登記義務者と

司法書士との間の委任契約は、契約の性質上、民法651条1項の規定にもかかわらず、登記権利者の同意等特段の事情のない限り、解除することができないと解するのが相当である。」と判示しています。

(2) そうすると、BがAに対して登記申請に必要な書類の返還を求める行為は、一般に、BのAに対する委任契約の解除と解することができるので、この解除を有効とするには「特段の事情」の存在が要件となると考えられます。

3(1) この「特段の事情」とは、判例（仙台高判平9・3・31判時1614・76）によれば、「登記権利者の同意又はこれと同視できる事情がある場合に限られるものではなく、当該委任契約の基になった登記原因たる契約の成否ないし効力に関して契約当事者間に争いがあって、登記を妨げる事由があるとの登記義務者の主張に合理性が認められ、かつ司法書士としても登記義務者の主張に合理性があると判断するのに困難はないと認められるような事情」も含まれると解されています。

(2) したがって、BC間において売買契約の成否、効力に合理的な争いがあり、これに基づいてBがAに対して登記申請に必要な書類の返還を求めているとAにおいて判断することが困難でない場合と認められれば、AB間の委任契約の解除は有効であり、当該登記は、代理権のない者の申請によるものと考えることとなります。

4(1) BC間の売買契約が実体的に無効であり既になされた登記が実体に符合しない場合は、BはCに対して、登記の抹消を請求できるとするのは疑問のないところと考えられます。

(2)　一方、上記のように、代理権のない登記申請は、手続上の瑕疵として、偽造された文書による申請と重大性に差はないと考えられます。

　偽造された文書による登記の効力については、当然に無効であり抹消すべき登記となるのではなく「その登記の記載が実体的法律関係に符合し、かつ、登記義務者においてその登記を拒みうる特段の事情がなく、登記権利者において当該登記申請が適法であると信ずるにつき正当の事由があるときは、登記義務者は右登記の無効を主張することができない」と解されています（最判昭41・11・18判時471・27）。

(3)　この見解によれば、B、C間で上記の要件を充足しない場合には、当該登記は無効と解することとなり、抹消すべき登記となると考えられます。

10 抹消の登記における第三者の承諾

　第三者の意味と、第三者の承諾義務の有無を検討する必要があります。

1(1)　権利に関する登記の抹消は、登記上の利害関係を有する第三者がある場合には、当該第三者の承諾があるときに限り、申請することができるとされています（不登68）。
　(2)　そこで、登記上の利害関係人としての第三者の意味と、その抹消についての承諾義務の有無が検討されなければならないと考えられます。

2(1)　登記上の利害関係を有する第三者とは、自己の権利を登記した者であって、登記の抹消があると自己の権利に損害を受け、又は、そのおそれのある者と解され、実体法上、その権利があるか否かは問わないとされています（大決昭2・3・9民集6・65）。
　(2)　それは、登記の記録の内容から形式的に判断するとされるので、登記されていない第三者は、実体上権利を有する者であっても、これに該当しないこととなります。
　(3)　具体的には、登記された抵当権がある場合、その抵当権の目的とされる所有権の登記を抹消するときの抵当権の登記名義人が典型例と考えられますが、抹消される登記について、各種の先例が発出されているので、各々の個所で検討することとします。

3(1)　登記上の利害関係を有する第三者が存するときは、抹消の登記

の申請には、当該第三者の作成した承諾を証する情報又は、当該第三者に対抗できる裁判のあったことを証する情報の添付を必要とし（不登令7①六・別表26へ）、これを欠くときは抹消の登記の申請は却下（不登25九）されることとなります。

(2) 当該第三者とは、実体上承諾の義務を負う者と解されます。例えば、抹消の対象となる所有権の登記が実体上の所有権と符合せず無効であれば、それを基礎とする抵当権の設定も無効であり、その抵当権の登記も無効となると考えられます。登記には公信力がないからです。この場合、抵当権の登記名義人は、基礎となる所有権の登記の抹消に実体上、承諾の義務があると考えられます。したがって、印鑑証明書付きの「承諾書」を作成する義務があることとなります（不登令19）。

(3) この抵当権の登記名義人が承諾しない場合には、その承諾を訴求（ 11 ）することとなります。「第三者に対抗することのできる裁判」とは、承諾を命じる給付判決の他、それと同一の効力のある和解、認諾調書も含まれます。もっとも、これらの裁判書の正本に限らず謄本でもよいと解されます。単独申請（不登63①、不登令7①五ロ(1)）の場合と異なり、承諾があったことを証すれば足りるからと考えられます。

(4) 前記(2)の事例において、抵当権の登記名義人が民法94条2項の善意の第三者に該当する等の場合には、基礎となる所有権との関係では抵当権は無効ではないと解されるので、このような第三者は、所有権の登記の抹消について、実体上、承諾の義務はないと解されます。この場合には「真正な登記名義の回復」の対象となると考えられます（真正名義125頁）。

11 登記の抹消請求訴訟と利害関係人に対する承諾訴訟

　利害関係人の承諾は、自己の権利の登記が抹消されることに対する承諾ではないので、判決の主文に留意する必要があります。

1(1)　例えば、AからBへ所有権の移転の登記がなされ、これを基礎として、BがCのために抵当権を設定し登記をした場合、AからBへの所有権の移転が無効であれば、無権利者であるBの設定した抵当権も無効であると考えられます。
 (2)　したがって、Aは実体上は、B、Cに対し、各々妨害排除請求権（ 8 ）としての所有権の移転の登記、抵当権の設定の登記の抹消請求権を有すると考えられます。
　　しかし、手続法である不動産登記法は、権利に関する登記の抹消は、登記上の利害関係を有する第三者の承諾があるときは、この者の承諾を要すると規定しているので（不登68）、この観点から、各々の訴訟を検討する必要があると考えます。

2(1)　Cは、AB間の所有権の移転の登記の抹消につき、登記上の利害関係人に該当します。所有権の移転の登記が抹消されると、Cの抵当権の登記も登記官の職権により抹消されることとなるので（不登規152②）、直接不利益を受ける者に該当すると解されるからです（ 17 ）。
 (2)　そうすると、Cの承諾の対象は、自己の抵当権の登記の抹消についてではなく、AB間の所有権の移転の登記の抹消についてであると考えられます。

よって、AのBに対する所有権の移転の登記の抹消請求と、Cに対するこの承諾請求は、別個の請求と考えることとなります。
(3)　AはCに対する承諾訴訟に勝訴すれば、「当該第三者に対抗することができる裁判があったことを証する情報」(不登令別表26ヘ)として、その裁判書(正本に限らず、謄本でもよいと解されます。)を添付して、AB間の所有権の移転の登記を抹消することができることとなります。

3(1)　もっとも、前述のように、AはCに対して、抵当権の設定の登記の抹消をも訴求できると考えられますが、Aが勝訴した場合、これをもって、CのAB間の所有権の移転の登記の抹消に対する「承諾」と解することができるか検討の余地があります（ **10** ）。
　　実質的には、Cの「承諾」と考えられるところですが、これを否定する見解も存します(鎌田薫＝寺田逸郎編『新基本法コンメンタール　不動産登記法』210頁〔河合芳光〕(日本評論社、2010))。
(2)　したがって、実際上は、同一の判決の主文で、Bに対する抹消、Cに対してこの抹消に対する承諾を命じることを求める方が、より良いと考えられます。

12　中間省略登記に対する抹消請求の可否

　中間省略された者（中間者）が、正当な利益を有する場合に限り、中間省略登記の抹消請求ができます。

1(1)　例えば、不動産の所有権がA→B→Cと移転したのに、登記上は、Bを省略して、直接A→Cとするのが中間省略登記とされています。
　(2)　この場合、Bは、常に中間省略登記の抹消、つまり、C名義の登記を抹消請求できるかが検討されなければなりません。

2(1)　まず、所有権の移転の登記原因証明情報上、甲→乙→丙と所有権が移転したとの情報であるのに、甲→丙への所有権の移転の登記申請がなされれば、申請情報と登記原因証明情報の内容が合致しないとして却下（不登25八）されます（登研713号195頁）。
　(2)　また、先例（昭32・12・27民甲2440）によれば、抵当権者に相続、合併があった場合、この包括承継の後に弁済があったときの抵当権の登記の抹消は、前提として抵当権の移転の登記をしなければならないとされています（ 47 ）。
　(3)　以上のことから、登記実務においては、不動産登記法の目的として、物権変動の過程を正確に記録することを重視していると考えられます。
　　　したがって、この立場からは、中間省略登記は、物権変動の過程を公示していないのでBはC名義の登記を抹消できると解されます（大判昭8・3・15民集12・366）。

3(1) しかし、「既になされた登記の効力」は別途の問題とされなければならないと考えます。

　既になされたCの登記の有効、無効の評価は、Cの登記が実体的権利と符合しているか否かにかかっているとも考えられます（ 1 ）。

(2) 判例（最判昭35・4・21民集14・6・946）は、Bの同意がなく中間省略登記がなされた場合でも、Bにその抹消を求めるのに「正当な利益」がなければ抹消請求できないと解しています。

　「正当な利益」とは、例えば、Bの同意なくして、A→Cと中間省略登記がなされたところ、BはCから売買代金の支払を受けていない場合、同時履行の抗弁権（民533）を行使するためA→Bへの移転登記をする必要がある等の事情が考えられます。

13 承継執行文付与による登記の抹消

　承継執行文の付与がある場合には、口頭弁論終結後の第三者の登記を抹消できるとされますが、処分禁止の仮処分の登記をしておく方が妥当です。

1(1)　例えば、AからBへの所有権の移転の登記を錯誤によって抹消せよとの判決が確定したので、原告であるAがその抹消手続をしようとしたところ、BからCへ所有権の移転の登記がなされていた場合、Aは、この判決に基づきCの登記を抹消できるかが問題となります。

(2)　この点については、Cの登記の時期を口頭弁論の終結の前後に分けて検討する必要があると考えられます。

2(1)　先例（昭32・5・6民甲738）は、原告Aから被告Bへの所有権の移転の登記の抹消を命じる判決が確定しているところ、その訴訟の口頭弁論終結後、CがBから所有権の移転の登記を受けている場合、判決正本に、Bの承継人Cに対する強制執行を認める承継執行文が付与されたときは、Bの所有権の登記の抹消の前提としてCの登記を抹消できると解しています。

(2)　確定判決の効力は、口頭弁論終結後の承継人に及ぶとされ（民訴115①三）、AはBの承継人Cに対する承継執行文の付与（民執23①三・27②）を受ければ、AはBに代位して、BC間の登記を抹消することができるとするのが上記先例の見解と考えられます。

(3)　この見解に対しては、疑問も指摘され（青山正明『新訂　民事訴訟

と不動産登記一問一答』180頁以下（テイハン、2008））、Cが口頭弁論終結後の承継人であっても必ずしも承継執行文が付与されるものではないと考えられています。AがCに対抗できる関係が必要とされるからです。法律行為の取消しによる復帰的物権変動（最判昭32・6・7判時114・33）や契約解除（最判昭35・11・29民集14・13・2869）の場合には、対抗問題となり、CがAに対抗できる関係にあれば承継執行文は付与されません。

(4) したがって、前述2(1)の先例は、承継執行文の付与が「ある」場合に適用されるのであって、全ての事例に承継執行文が付与されるとは限らないので、Aとしては、処分禁止の仮処分の登記をするのが自己の権利を保全するために確実と考えられます。

3(1) Cの所有権の登記が口頭弁論終結前になされていれば、承継執行の問題はなく、AがBに対してB名義の所有権の登記の抹消を命ずる判決を得ても、この判決によって、A名義に登記を回復することはできません。
(2) このような場合にこそ、Aは処分禁止の仮処分の登記をしておけば、Cの登記を「仮処分に後れる登記」として抹消することができることとなります（100）。

14 抹消の登記と更正の登記、真正な登記名義の回復による権利の移転の登記の異同

どの登記も、既になされた登記の全部又は一部の無効を前提としますが、その根拠、登記の方法が異なります。

1(1) 不動産登記法の目的は、不動産に関する物権変動を記録し、真実の権利関係を公示することにあるとされています。
 (2) したがって、現に公示されている登記記録が実体的な法律関係と符合しない場合には、これを是正する必要があります。
　　そのための登記の方法として、抹消の登記、更正の登記、真正な登記名義の回復を原因とする権利（多くは所有権）の移転の登記が、認められています。

2　権利の登記の抹消とは、既になされた登記の全部が、原始的、又は後発的理由により実体的な法律関係と符合しない場合、これを消し去ることであり、既になされた登記の全部が無効であることを公示するのが抹消の登記と解されます（不登68、不登規152）。
　つまり、物権変動の原因が原始的に無効（例えば錯誤による取消し）又は後発的に無効（例えば解除）の場合になされるのが抹消の登記であり（　1　）、その登記がなされる以前の権利状態を公示することとなります。

3(1) 更正の登記とは、既になされた登記事項を「訂正」する登記です（不登2十六）。
　　つまり、既になされた登記の一部が、実体的権利関係と符合し

ない場合にこれを符合させるためになされるのが更正の登記です。

　一部が実体的法律関係に符合しないとして、登記の全部を無効とすると、既になされた一部有効な部分の登記の対抗力を失わせることとなり妥当ではありません。
(2)　また、更正の前後を通じて、登記に同一性が認められなくては「訂正」とは考えられません（真正名義173頁）。

4(1)　真正な登記名義の回復による所有権の移転も、既になされた登記が無効である場合、これを実体的権利関係と符合させるための方法です。
(2)　抹消の登記、更正の登記をするには、登記上の利害関係を有する第三者が存する場合には、この第三者の承諾が必要となります（不登66・68）（ **10** ）。

　この第三者の承諾が得られない場合や、第三者に承諾義務がない場合（例えば民法94条2項の善意の第三者）には、抹消、更正によって、真実の権利関係を公示することはできません。
(3)　そこで、これを回避するため、判例（例えば最判昭34・2・12判時180・35）、先例（例えば昭39・2・17民三125）によって、真正な登記名義の回復による権利（所有権）の移転の方法が認められ、複雑な事案から、単純な事案にまで用いられている傾向にあると考えられます。しかし、この方法は、物権変動の過程を正確に公示するものではなく、安易な利用には疑問のあるところです（真正名義45頁）。

15 登記官が職権で抹消しなければならない無効な登記

　却下事由を定める不動産登記法25条1号から3号まで、又は13号に該当する場合、登記は絶対的に無効と解されるので、登記官は職権でこの登記を抹消しなければなりません。

1(1)　登記官は、却下事由が存する場合には、登記の申請を却下しなければならないと規定されています（不登25）。
　(2)　この却下事由があるのに、登記官が誤って登記を実行してしまった場合の登記の効力と登記官のなすべき対応が問題となります。

2(1)　不動産登記法25条4号から12号までに規定される却下事由が存するのに、登記官が登記の申請を却下せず登記を実行してしまっても、却下事由があること自体を理由としては、その登記は無効とはならないと解されています。つまり、手続上の瑕疵があってもこれを理由として、登記官がなされた登記を職権によって抹消できるとする規定はありません。
　(2)　これに対して、不動産登記法25条1号から3号まで、又は13号に該当する事由がある場合に登記官が誤って登記の申請を却下せず登記を実行しても、その登記は無効でありその無効は登記自体から明らかであると解されます。
　　このような無効な登記を残しておくことは許されず、登記官は職権でこの登記を抹消しなければならないとされています（不登71）。

3(1)　職権で登記を抹消しなければならないとされる場合は次のとおりです。
　① 不動産登記法25条1号
　　申請目的不動産が管轄外の場合
　② 不動産登記法25条2号
　　「登記事項以外の事項」の登記を目的とする場合
　　例えば、入会権の登記（明34・4・15民刑434）の申請が考えられます。
　③ 不動産登記法25条3号
　　二重登記（昭37・5・4民甲1262）の場合であり、例えば、既に相続登記がなされている不動産に、同一人を相続人とする相続登記の申請が考えられます。
　④ 不動産登記法25条13号
　　登記すべきものでないとして、政令（不動産登記令）によって類型化されている場合（ 16 ）
(2)　登記官は、上記のような無効な登記を発見したときは、登記権利者、登記義務者、登記上の利害関係人に対し、異議を述べないときは登記を抹消する旨の通知、公告をすることとなります（不登71①②）。
　この通知を受けた登記権利者等は、登記官に異議を述べることができますがその申出の方式には規定がないので、「口頭」でもよいと解されます。

4(1)　このようにして、通知又は公告に定められた異議の申出の期間中に異議がないとき、又は異議を却下したときは登記官は無効な登記を抹消しなければならないとされています（不登71④）。
(2)　登記官がこの抹消をするときは、「登記記録にその事由を記録

しなければならない。」（不登規153）とされ、登記官は、「不動産登記法第25条第1号（第2号、第3号又は第13号（不動産登記令第20条第何号））に該当するので、同法第71条第4項の規定により抹消」と記録することとされています（不登準則110②）。
(3) その際、登記上の利害関係人（不登71①）である無効な登記を目的とする第三者の登記も登記官の職権により抹消することとなります。

16 無効な登記として却下事由とされる「登記すべきものでないときとして政令で定めるとき」の具体例

不動産登記令は、8つの却下事由を具体化しています。

1(1) 不動産登記法25条13号の規定により、不動産登記令20条は8つの却下事由を具体的に規定しています。
 (2) この却下事由があるのに、登記申請が却下されず登記がなされてしまっても、その登記は無効と解され登記官の職権抹消(不登71)となります。

2 不動産登記令20条が具体化した却下事由は、次のとおりです。
 ① 1号の事例とは、例えば「橋」は不動産ではないので、これを目的とする登記申請は却下されます(明32・10・23民刑1895)。
  もっとも、法令により不動産とみなされるものは、本号の不動産に含まれます。
 ② 2号の事例とは、例えば、権利能力のない社団名義の登記の申請は却下されます。
  先例(昭23・6・21民甲1897等)は、権利能力なき社団の登記能力を否定しています。虚無人の登記を防止する観点からも理解できるところです。
 ③ 3号の事例とは、例えば、合筆制限(不登41)の規定に違反した合筆の登記の申請は却下されます。
  登記の制限の規定は、各々目的があって制定されたものなので、制限の規定に違反する登記の申請は認められません。

④ 4号の事例とは、例えば分筆前の一筆の土地の一部は、分筆の登記をした後でないと権利の登記の目的とならず、分筆前の土地の一部に対する登記の申請は本号により却下されます。一個の不動産の一部には、登記することが否定されています（昭27・9・19民甲308）。一物一権主義に反し、法律関係が複雑となるからとされます。

　もっとも、承役地についてする地役権の登記は、承役地の一部についても認められています。不動産登記法80条1項2号は、「範囲」を地役権の登記事項としています。

⑤ 5号の事例とは、例えば、地上権を目的とする抵当権の設定の場合に、地上権が登記されていないときは、抵当権設定の登記申請は本号により却下されます。

　申請された登記の目的である権利が登記されていないので当然とも考えられます。

⑥ 6号の事例とは、例えば、同一の不動産に対してAからBへの所有権の移転の登記とAからCへの所有権の移転の登記が同時に申請された場合は、これらの権利は相互に矛盾するので、いずれの登記の申請も却下されることとなります。

　もっとも、同時に登記が申請されても、その登記される権利が両立すると考えられる場合には、「相互に矛盾」する権利ではないので却下事由とはなりません。同一不動産に対して権利者を異にする抵当権設定の登記申請があれば、これらの抵当権は「相互に矛盾する」ものではないので、同順位として登記が可能となります。

　つまり、同順位として登記が可能か否か登記の申請に係る権利の性質によって判断することとなります。

⑦ 7号の事例とは、例えば、同一不動産について既にAを権利者とする地上権設定の登記がある場合にBを権利者とする地上権設定

の登記が申請されても却下されることとなります。Bの権利はAの権利と矛盾するからです。

　なお、同一の不動産につきCを権利者とする地上権設定の登記がなされている場合に重ねてCを権利者とする地上権設定の登記申請があったときは、不動産登記法25条3号により却下されます。「申請に係る登記が既に登記されているとき」に該当するからです。

⑧　8号の事例とは、例えば、利息制限法に規定される利息の制限（利息1）に違反した利息の定めを登記事項とする抵当権設定の登記は、利息の定めが無効とされるので本号により却下されることとなります（昭29・6・2民甲1144）。

　また、根抵当権の元本の確定前の被担保債権の譲渡による根抵当権移転の登記は、民法398条の7第1項に違反するので本号により却下されることとなります。

　そうすると本号の「登記」が「無効とされる」場合とは、登記に係る権利が無効である場合のほか、登記に係る権利が無効ではなくても登記そのものが無効な場合も含むこととなります。

　そして、その判断は、民法等の法令とその解釈によると考えられます。

第 2 章

各 論

42

第1　所有権に関する登記の抹消

17　所有権の登記の抹消の場合の利害関係人

　所有権の登記が抹消されると、損害を受け又はそのおそれがある者が利害関係人であり、登記の内容から形式的に判断されます。

1(1)　所有権の登記を抹消する場合には、この所有権の登記を目的とする第三者の権利に関する登記も抹消されることとなります（不登68、不登規152②）。
(2)　その典型例としては、抹消される所有権を目的として、登記された抵当権者が存する場合です。
　　それは、次のように記録されます。

甲区

2	所有権移転	平成○年○月○日第○号	（略） 所有者　A
<u>3</u>	所有権移転	平成○年○月○日第○号	<u>（略）</u> 所有者　<u>B</u>
4	3番所有権抹消	平成○年○月○日第○号	原因　平成○年○月○日解除

乙区

<u>1</u>	抵当権設定	<u>平成○年○月○日第○号</u>	（略） 抵当権者　<u>C</u>
2	1番抵当権抹消	余　白	甲区3番所有権抹消により平成○年○月○日登記

（記録例251）

(3) この場合、Cは、Bの所有権を目的とし乙抵当権を設定しているので、甲区3番のB名義の所有権の登記が抹消されれば、Cの抵当権はその基礎を欠き、抹消されることとなるので、3番の登記の抹消について登記上の利害関係人に該当すると解されます。

2(1) 判例（大決昭2・3・9民集6・65）によると、登記の形式上その登記の抹消によって権利上の損害を受け、又は損害を受けるおそれがある者が利害関係人とされるので、この立場から上記1(2)の例のほか、以下の者がこれに該当すると解されます。

(2) Bに所有権の登記がなされた後の差押・仮差押債権者D（昭30・12・20民甲2693）

Dは、Bの所有権を基礎としているからです。Bの所有権の登記が抹消されると、その基礎を欠くこととなり、上記1(3)と同様の構造と考えられます。

(3) Aの所有権を目的として、Eが根抵当権を設定している場合、AからBへ所有権の移転の登記がなされた後に、極度額の増額の変更の登記のあるE（昭39・8・12民甲2789）

根抵当権の極度額の増額の変更は、実質的には、「設定」と解され、Bの所有権を前提としてB、Eによってなされます。

したがって、Bの所有権の登記が抹消されると、Eの極度額の変更は、その基礎を欠くこととなるからと考えられます。

3(1) 反対に、上記2(3)の例で、根抵当権の債務者の変更の登記があるときのEは、利害関係人に該当しないと解されます（昭39・8・12民甲2789）。

(2) 根抵当権の債務者の変更も、BとEの申請でなされます。したがって、この変更もBの所有権の登記を前提としてなされたもの

と考えられます。
　しかし、Ｂの所有権の登記が抹消されてもＥには損害が生じないものと考えられます。Ｅは、ＡＥ間で設定された極度額までの担保を有していることに変わりはないと考えられるからです。

18 所有権の保存の登記（区分建物の場合を除く）の抹消

　所有権の保存の登記の前の法律関係も考慮されなければなりません。

1(1)　所有権の保存の登記も、実体上の所有権と符合しない場合には、無効な登記として抹消の対象となります（不登77）（ 1 ）。
 (2)　例えば、A名義の所有権の保存の登記が無効である場合は、抹消すべき登記となりますが、前提としてその無効となった原因が検討されるべきものと考えます。
　　　当然のことながら、所有権の保存登記の性質上Aの登記以前の法律関係は、登記記録上、公示されてはいないものの、Aの所有権の保存の登記がなされるまでの過程には、一定の法律関係、特に法律行為が存在すると考えられ、そこに無効となる原因があるから所有権の保存の登記も無効となると考えるのが論理的と考えられます。

2(1)　所有権の保存の登記は、表題部所有者が所有権者でない場合、すなわち、原始取得者又は承継取得者でないとき、表題部所有者から相続によって承継した者でないとき（不登74①）は、無効となると解されます。
 (2)　一般に、特に建物の場合には、Aは当該建物を売買によって、あるいは、請負契約により所有権を取得し、これらを所有権を証する情報としてAが表題部所有者となると考えられます（不登準則87）。

第2章　第1　所有権に関する登記の抹消

したがって、これら売買契約等に無効原因があるとき、この表題登記を前提としたＡの所有権の保存の登記は実体と符合せず無効となると考えられます。
(3)　登記実務上、所有権の保存の登記の抹消の原因は「錯誤」とされる例が多いと思われますが（ 3 ）、上記売買契約等が、なぜ錯誤によって取り消し得べき契約となり、それにより無効となるのかが登記原因証明情報（不登61）上に具体的に記載されていなければ、「錯誤」を証するものとはいえないと考えます（登記原因125頁）。
(4)　一方、上記売買契約等が解除され、遡及的にＡが無権利者となる例も考えられます。
　　この場合、売主が自己に登記名義を得るためには、Ａから売主への「解除」による所有権の「移転」の登記の方法によるのが、物権変動の過程を登記記録上公示するものとして論理的と考えられます（ 4 ）。
　　しかし、登録免許税の問題からか、Ａの所有権の保存の登記の抹消の方法による例が多いと思われます。この場合には、「令和○年○月○日売買解除」を原因日付とする見解があります（香川保一『新不動産登記書式解説(1)』542頁（テイハン、2006））。

3(1)　このようにして、所有権の保存の登記を抹消すると、登記記録は、表題部、権利部の全てが閉鎖されることとなります（不登規8、昭36・9・2民甲2163）。
(2)　登記記録が閉鎖されるのは、登記上不経済であるとして、これを回避するためか「真正な登記名義の回復」を原因として、Ａから所有権の移転の申請がなされる例が散見されます。
　　これを肯定するのが先例（昭39・4・9民甲1505）です。
　　しかし、この方法は、物権変動の過程を公示するものとは解さ

れず、真に、この方法によるしか他に方法がない場合か、判決（最判昭32・5・30判タ72・56）による場合以外は、安易に用いるべきではないと考えます（真正名義55頁以下）。

19 所有権の保存の登記（区分建物の場合）の抹消

　登記の形式上、登記名義人の単独申請による抹消の形態となりますが、登記記録が、閉鎖されない点に留意すべきです。

1(1)　区分建物（不登2二十二）に対する所有権の保存の登記も、実体的な所有権と符合しない場合は無効と解され、抹消の対象となり、その申請形態は登記名義人の単独申請（不登77）によることとなるのは、一般の所有権の保存の登記の抹消の場合と同様です。
 (2)　登記実務上は、区分建物について所有権の保存の登記がなされる例が多くその抹消も次のように記録されます。

表題部

| 所有者 | ○市○町○番地 A ○市○町○番地 A 平成○年○月○日所有権保存登記抹消により回復 |

権利部　甲区

<u>1</u>	<u>所有権保存</u>	<u>平成○年○月○日 第○号</u>	<u>原因　平成○年○月○日売買 所有者　○市○町○番地 B</u>
2	1番所有権抹消	平成○年○月○日 第○号	原因　錯誤

（記録例188・250、不登74②の場合）

2(1)　区分建物にあっては、Ａから所有権を取得したＢも所有権の保存の登記が申請できるとされています（不登74②）。
　(2)　前述（ 18 ）のように、所有権の保存の登記の以前にも、公示されてはいないものの法律行為があると考えられますが、区分建物の場合には、これが明確になると考えられます。
　(3)　この抹消によっては、登記記録は閉鎖されないとされています（昭59・2・25民三1085）。
　　　ＡＢ間には、当該区分建物について、売買等の法律行為があり、この法律行為が無効であれば、Ｂ名義の甲区1番の登記は実体に符合せず、抹消されるべき登記と解されますが、その結果、所有権はＡに回復し、表題部所有者Ａの登記事項は実体に符合することとなるので、登記記録を閉鎖することなく、抹消されていた所有者をＡとする登記事項（不登規158）を回復するものと解されます。

3(1)　上述のように、ＡＢ間の法律行為が無効であり甲区1番の所有権の保存の登記を抹消する場合には、売買等の法律行為に基づく所有権の移転の登記の抹消の場合（ 3 21 ）と同様に、内容の抹消の原因を証する情報が提供されなければならないと考えられます。
　(2)　登記記録が閉鎖されないので、下線が記録されているとはいえ、ＡＢ間の法律行為が無効であることが登記記録上、残ることとなり、事実上、次の売買等が困難な場合があるとも考えられます。
　　　この結果を回避するため、このときも「真正な登記名義の回復」を原因として、ＢからＡへの所有権の移転の方法によりＡに登記名義を回復させる例がありますが、この方法は、原則として妥当でないと考えるのは前述（ 18 ）のとおりです。

(3) なお、前述2(3)の先例は、他に登記記録が閉鎖されない場合として不動産登記法74条1項1号のいわゆる相続保存の登記の場合と、新住宅市街地開発法等による所有権の保存の登記の場合を示していますが、これらの場合も上述の区分建物の場合と同一に考えればよいこととなります。

20 判決による所有権の保存の登記の抹消

判決正本に記載されている抹消を訴求した原告は、単独で所有権の保存の登記を抹消することができると解されます。

1(1) 「所有権の登記の抹消は、所有権の移転の登記がない場合に限り、所有権の登記名義人が単独で申請することができる。」と規定されています（不登77）。

　　すなわち、所有権の保存の登記名義人は単独で、その登記の抹消を申請することができます。この抹消の申請では、登記形式上、登記権利者の存在を考えることはできないからと解されます。

(2)　しかし、例えば、真実の建物の所有者がAであるところ、無権利者Bが表題登記、所有権の保存の登記を有している場合、Bが任意に所有権の保存の登記を抹消しないとき、Aは、Bに対して物権的請求権（妨害排除請求権）（ 8 ）として、所有権の保存の登記の抹消を訴求できると解されます（最判昭41・3・18判時445・31）。登記手続上Bの所有権の保存の登記を抹消しなければAは自己の所有権の保存の登記ができないからです。

2(1)　しかし、Aは、登記名義人ではないので、その不動産登記法上の根拠が問題となります。

　　先例（昭28・10・14民甲1869）は、「登記請求権を有するA単独で抹消登記申請を為すことができる」としています。これは、不動産登記法63条を類推適用していると解されています（鎌田薫＝寺田逸郎編『新基本法コンメンタール　不動産登記法』196頁〔安永正昭〕（日本評論社、2010））。

第2章　第1　所有権に関する登記の抹消　　　53

(2)　しかし、Aは債権者代位によって、Bの保存登記を抹消できるとする有力な見解も存します（登研627号71頁）。後述の所有権の移転の登記の抹消の場合（ 28 ）とパラレルに考えると、この見解が相当と考えられます。

3(1)　いずれにしても、B名義の所有権の保存の登記が抹消されると、登記官は、職権で登記記録を閉鎖するのが原則です（昭36・9・2民甲2163）。

　この結果を回避するため、BからAへ「真正な登記名義の回復」を原因とする所有権の移転の方法による例が散見されますが、これは、物権変動の過程を公示していないので、安易に用いるべきではないと考えられます（ 14 ）。

(2)　登記記録を閉鎖する理由は、B名義の所有権の保存の登記が真実でないとして抹消したのですから、真実の所有者Aが記載されていない表題部を存続させるのは相当ではない、とする点にあると考えられます。

　しかし、判決によって、真の所有者が認定されている場合には、上記の理由は妥当せず、表題部の所有者欄に真の所有者を記載すれば足り、登記記録を閉鎖する必要はないとする有力な見解があります（香川保一『全訂　不動産登記書式精義　上巻』797頁（テイハン、1977））。

　このような判決の例として、「被告は原告のために被告名義に為したる建物所有権保存登記をまっ消すべし。右建物は原告の所有であることを確認する」との判決が挙げられます（上記2(1)の先例の事例）。

　そうすると、このように、B名義の所有権の保存の登記の抹消とAの所有権が認定されている場合は、登記記録を閉鎖せず、表題部所有者欄にAを記録すればよいとも考えられます。

21 法律行為の「錯誤」を原因とする所有権の移転の登記の抹消

　所有権の移転の原因となった法律行為が「錯誤」により取り消され、「無効」となる事実が登記原因証明情報上に記載されている必要があり、そこから派生する問題も考慮すべきです。

1(1)　所有権の移転の登記を抹消する場合、「錯誤」を原因とする例が多いと思われます。
 (2)　例えば、AからBへ売買を原因として所有権の移転の登記がなされている場合、B名義の登記を抹消するには、AB間の売買を「錯誤」によって取り消し、無効であることを証明し（民95・121、不登5②）、その結果、Bは無権利者となるのでB名義の登記は実体と符合せず、抹消される、と考えることとなります。

2(1)　「錯誤」に該当する事実として、前述（ 3 ）のように意思表示のどの部分に「くい違い」があるかを登記原因証明情報上明示する必要がありますが、登記の抹消についての利害関係人に注意すべきです。
 (2)　CがB名義の所有権を前提として抵当権を設定している場合、Aが登記権利者、Bが登記義務者として所有権の移転の抹消の登記が申請されると、Cは、抹消についての登記上の利害関係人としてその承諾を必要とします（ 17 ）。一方、Bが無権利者であるとすれば、登記に公信力が認められないと一般に解されているので、Cの抵当権も無効と解するのが論理的であり、したがって、Cは承諾義務（ 10 ）を負っていると考えられます。

よって、Cの承諾が得られなければAはCに対して承諾を訴求し、勝訴の判決を得ることができると考えられます（**11**）。
(3) この場合、登記原因証明情報上、「Cの承諾が得られない」として、「真正な登記名義の回復」を登記原因として、所有権の移転の登記の申請がなされる例が多いと思われます。

しかし、上述のように考えるときは、AはCに対する勝訴判決を、「第三者に対抗することができる裁判があったことを証する情報」（不登令別表26へ）として所有権の移転の登記の抹消の申請が可能なので、安易に「真正な登記名義の回復」を登記原因とする所有権の移転の形態によるのは相当でなく、「真正な登記名義の回復」による登記の移転の必要性も明示すべきと考えます。

3(1) さらに「錯誤」によって、所有権の移転の登記を抹消する場合、その効果が「無効」であるので、次の点が検討されなければならないと考えます。
(2) 錯誤を原因とする所有権の移転の登記の抹消には農地法所定の許可は不要と解されています（登研362号81頁）。

登記形式上、この抹消によって、Aに所有権が復帰する形式となりますが、AB間の売買は「無効」となるので、Aは所有権を失うことはなく、初めから農地法3条等の規定する権利の移転はないと考えられます。よって、農地法所定の許可は不要と理解することができます。
(3) 遺言者が、遺言の内容と抵触する生前処分をすると、その抵触部分は無効となると規定されています（民1023②）。

先例（平4・11・25民三6568）は、AがBに対して不動産を遺贈後、同一不動産につきCと売買契約を締結し、AからCへの売買による所有権の移転の登記がなされていても「錯誤」を原因として所

有権の移転の登記が抹消されていれば、同一の遺言による遺贈はできると解しています。

　これも原因が「錯誤」であれば、「売買」は無効として、法律行為は何らの効果を生じないので、遺言の内容と抵触する生前処分はなかったとして理解できると考えます（相続登記119頁）。

22 「錯誤」による親権者から未成年者への贈与を原因とする所有権の移転の登記の抹消

利益相反行為に該当せず、特別代理人の選任は不要です。

1(1) 親権者Aとその子Bとの利益が相反する「行為」については、Bのために特別代理人の選任が必要とされます（民826①）。
その趣旨は、AがBを代理するとすれば、親権の濫用を招来し、Bの利益を害することがあるので、特別代理人を選任し、この者が代理人として、子の利益を守る点にあると解されます。
(2) したがって、AがBへ不動産を贈与し、AがBの代理人として受贈の承諾をしても贈与は、無償契約なのでBは、何らの不利益を被ることがないのでBの保護に欠けることはなく、民法826条1項の適用はないと解することとなります（登研526号191頁）。

2(1) このAからBへの贈与を原因とする所有権の移転の登記を「錯誤」によって抹消する場合、Bは登記義務者として自己の登記を失う登記上の不利益を受け（不登二十三）、反対にAは、登記権利者として、自己の登記を回復するという利益を受けるので（不登二十二）、その登記の申請は利益相反行為に該当し、Bについて特別代理人の選任を要するのではないかとの疑問が生じます。

2	所有権移転	平成○年○月○日 第○号	（略） 所有者　A
<u>3</u>	所有権移転	<u>平成○年○月○日 第○号</u>	原因　平成○年○月○日贈与 所有者　<u>B</u>

| 4 | 3番所有権抹消 | 平成○年○月○日第○号 | 原因　錯誤 |

(記録例198・246・247)

(2)　この点については、「錯誤による取消し」の意味と、民法826条1項の「行為」の意味が検討されなければなりません。

3(1)　「錯誤」による抹消の登記とは、原始的又は後発的に生じた事由により、既になされた登記が実体上の権利関係と符合せず取消しにより無効と解される場合に、この登記を消滅させる登記と解されます（🔳🔳）。

(2)　一方、民法826条1項の「行為」とは、「取引行為」と解されています（最判昭57・11・26判時1064・51）。同条の趣旨は、前述のように未成年者の利益を保護するとともに善意の相手方を保護し、取引の安全をも図る点にあると解されるからです。

　　「錯誤」による所有権の移転の登記の抹消申請は、ＡＢ間の贈与行為の取消しによる「無効」を意味するのであって、ＡＢ間の取引行為に該当しないと考えられます。

4(1)　よって、「錯誤」による所有権の移転の登記の申請には、特別代理人の選任を要しないと考えることとなります（登研463号84頁）。

(2)　ただし、ＡはＢの法定代理人なので、親権を証する情報として戸籍等の提供が必要となります。

23 「錯誤」による相続を原因とする所有権の移転の登記の抹消

　相続による所有権の移転の登記も、錯誤を原因とする抹消の登記の対象となります。

1(1)　相続による所有権の移転は、その登記原因が「相続」と記録されてはいるものの、その実態は遺産分割協議による例が多いと思われます。
 (2)　遺産分割協議の本質は、民法911条等の規定から、共同相続人間の持分権の交換、贈与等に類似する法律行為と解されます（相続登記59頁）。
　　そうすると、一般の法律行為に基づく所有権の移転の場合と同様、錯誤による抹消の登記の対象となると考えられます。

2(1)　相続の客体を誤った例としては、そもそも目的物が相続財産に属していなかった場合や遺産分割協議によりA土地を取得したものとしてB土地に移転の登記をした場合が考えられます。
 (2)　また、相続の放棄があれば、初めから相続人でなかったことになるので（民939）、遺産分割協議後に、相続人の全員が相続の放棄をしたときは、相続による所有権の移転の登記は「全部無効」となり、錯誤を原因として抹消することとなります（ 24 ）（登記原因130頁）。また、遺産分割協議後に遺言が発見された場合も同様です。

3(1)　抹消の登記は、共同申請（不登60）によることとなり、登記義務者は、相続によって登記名義人となった者となります。
(2)　法律行為を原因とする所有権の移転の登記の抹消の場合は、登記権利者は、前登記名義人となるところ、相続による所有権の移転の登記の抹消のときは、前登記名義人は死亡しているので、その包括承継人として、相続人の全員が被相続人に代わって登記権利者となると解されます（相続登記212頁）。

24 登記名義人の全員が相続放棄をした場合の相続の登記の抹消

第2順位の相続人を登記権利者とし、登記原因を「錯誤」として、抹消されることになります。

1(1) 例えば、被相続人Aの共同相続人BCが相続により所有権の移転の登記をした後、BCが相続の放棄をした場合を検討します。

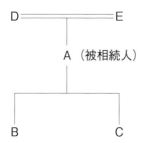

(2) このような事例は、B又はCの債権者が自己の債権の保全のため、差押え等をする前提として、債権者代位権（民423①）によりBC名義の相続登記をしたときに多く見られます。

2(1) B、Cが相続の放棄をすると、BCは、相続の開始時に遡及して相続人でなかったとみなされるので、Aの第2順位の相続人DEが相続人となることとなります（民887・889）。

(2) この結果、BC名義の相続の登記は、実体上の相続関係と符合せず、無効な登記となると考えられます。

登記名義人の全員が放棄しているので、相続の登記の全体が無効となり、更正の登記の対象とはなりません（ 14 ）。登記名義人が全く別人となるので、更正の前後を通じて登記の同一性を欠くからです（真正名義179頁）。

3(1)　ＢＣは、抹消によって登記名義を失うこととなるので登記義務者（不登２十三）となります。
 (2)　登記権利者（不登２十二）は、Ａの相続人としてのＤ、Ｅとなると考えられます。この抹消によって、登記名義はＡに戻り、ＤＥは、相続により、登記名義人となる利益があると考えることができます。
　　また、一般の「錯誤」による所有権の移転の登記の抹消の場合には、前所有者が登記権利者であるところ、本例では、Ａは死亡しているので、その包括承継人としてのＤＥが登記権利者たる地位を承継しているとすることも可能と考えられます（相続登記212頁）。

4(1)　抹消の登記原因を、直接的に「相続放棄」とする考えもあろうかと思われます。
　　しかし、相続の放棄に起因するとしても、その効果により、Ｂ、Ｃ名義の登記は無効となるので、一般の無効の場合と同様に「錯誤」とすべきものと考えられます（登研584号163頁）。
 (2)　Ｂ又はＣの債権者は、ＢＣの相続の登記に記録されています（不登59七）。
　　したがって、この債権者は、抹消の登記の利害関係人となるので、その承諾を要することとなります（不登68）。

25 「解除（合意解除）」による所有権の移転の登記の抹消（通常の場合）

　解除の性質・効果から、登記の抹消が否定される場合があると考えます。

1(1)　解除には、法定解除、約定解除、合意解除、解約があると解されているところ（ 4 ）、その効果として、説明の方法は異なるものの、例えば、売買により買主に移転した所有権は売主に復帰するので（最判昭34・9・22民集13・11・1451）、買主名義の登記は実体に符合せず抹消されるべき登記となると解されます。

(2)　しかし、全ての場合に登記の抹消が許されるか疑問のあるところです。

　それは、売買によって、共有関係が成立する場合です。

2(1)　Aが所有権をBに一部移転すれば「所有権一部移転」の登記がなされ、ABの共有関係が生じ、AB間の売買契約が解除（合意解除）されると、B名義の登記は抹消されA名義の登記が回復するのに異論はないと考えられます。

2	所有権移転	平成〇年〇月〇日 第〇号	（略） 所有者　A
3	<u>所有権一部移転</u>	平成〇年〇月〇日 第〇号	<u>原因　平成〇年〇月〇日売買 共有者　持分〇分の1 B</u>
4	3番所有権	平成〇年〇月〇日	原因　平成〇年〇月〇日解除

| | 一部移転登記抹消 | 第○号 | |

(記録例209・251)

(2) 疑問があるのは、XがY、Zに同一の売買契約によって所有権の移転をした後、解除によりXに持分を復帰させる場合です。

2	所有権移転	平成○年○月○日第○号	（略） 所有者　X
3	所有権移転	平成○年○月○日第○号	原因　平成○年○月○日売買 共有者　持分2分の1 　　　　Y 　　　　持分2分の1 　　　　Z
4	Z持分全部移転	平成○年○月○日第○号	原因　平成○年○月○日解除 共有者　持分2分の1 　　　　X

(記録例209、登研503号196頁)

　それは、XがZとの持分の売買契約を解除したとして、上記の記録例のような登記が許されるかの問題です。

　共有者の一部の者との解除は、登記の一部抹消となり許されない、つまり3番の登記の一部抹消は許されないので、ZからXへの持分全部移転による、とするのが上記の記録例の見解と思われます。解除によって、Xの持分が全部復帰するとの考えによると思われます。

　しかし、3番の登記をするには、実体上XとYZを当事者とする一個の売買契約があるのであり、解除権の行使につき、「当事者の一方が数人ある場合には、契約の解除は、その全員から又はその

全員に対してのみ、することができる。」(民544①)とされ、不可分と解されるので、XZ間のみ解除できるとするのは疑問のあるところです。
(3) Xが解除により、自己の持分権を復帰できる例としては、下記記録例の場合が考えられます。

2	所有権移転	平成○年○月○日 第○号	（略） 所有者　X
3	所有権一部移転	平成○年○月○日 第○号	原因　平成○年○月○日売買 共有者　持分2分の1 　　　　　　Y
<u>4</u>	<u>X持分全部移転</u>	平成○年○月○日 第○号	<u>原因　平成○年○月○日売買</u> <u>共有者　持分2分の1</u> 　　　　　　<u>Z</u>
5	4番X持分全部移転登記抹消	平成○年○月○日 第○号	原因　平成○年○月○日解除

(記録例209)

先例はこれを肯定しています(昭58・4・4民三2252)。3番の登記はXとYとの売買契約に基づくものであり、4番の登記はXとZとの売買契約に基づくものとして、各々独立した契約なので、前記の解除権の不可分性に反するものではないとして理解できるところです。

(4) もっとも、上記(2)の例において、4番の登記の登記原因が解除ではなく「合意解除」であれば、4番の「Z持分全部移転」は肯定できると考えられます。

合意解除は、新たなXとZとの契約であって、既になされた契約を解除するのではないと考えられるからです。

3(1)　このようにして、解除、合意解除の法的性質によって、抹消の登記が肯定されるか否か結論が異なることとなります。
 (2)　このことは、抹消の登記に、農地法所定の許可を要するかの問題とも関係すると考えられます。

　解除を原因として所有権の移転の登記を抹消する場合、「合意に基づく解除」の場合を除いて農地法の許可を要しないとするのが先例です（昭31・6・19民甲1247）。

　そうすると、あらかじめ解除できる場合を定めている約定解除権の行使や、合意解除の場合には、当事者の合意によるものとして農地法の許可を要すると考えられます。

　法定解除（債務不履行）の場合では、その解除権の行使、不行使は当事者の意思に基づくところから疑問はあるものの、その行使によって、新たに所有権を取得するものではないことを理由として、農地法の許可を不要とするのが判例です（最判昭38・9・20判時354・27）。

26 「解除(合意解除)」による所有権の移転の登記の抹消(相続登記の場合)

既になされた遺産分割協議の内容によりその結論を検討する必要があります。

1(1) 相続による所有権の移転の登記を、共同相続人の遺産分割協議によって完了した後、実際上の必要から遺産分割協議を「やり直し」、再度の遺産分割協議を迫られる場合があると思われます。
 (2) これが、遺産分割協議を解除(合意解除)し、既になされた相続による所有権の移転の登記を抹消できるかの問題です。
　遺産分割協議の本質は、各共同相続人間の相続分の交換、贈与等、法律行為に類似したものと解すると(23)、それは、一般の法律行為と同様に解除(合意解除)することができると一応は考えられます。
　しかし、遺産分割協議の内容形態により、結論が異なるとされています。

2(1) 一般的に、遺産分割協議において、一人の相続人が特定の不動産を取得した上、この相続人に債務を負担させる場合があります。
　この場合、その不動産を取得した相続人が負担した債務を履行しないときは、他の相続人は損害賠償請求のほか、解除が可能になると解されます(民911)。つまり、法定解除権を行使して、遺産分割協議を解除できると考えられます。
 (2) もっとも、遺産分割協議によって負った債務であっても、上述のように解されない場合もあるとされます。「母の面倒を見る」

として、不動産を取得したところ、その約束を履行しなかった場合、「母の面倒を見る」との約束は、遺産分割協議自体から生じたものではなく、相続人間の債権債務関係が残るだけで具体的な給付ではないとの理由により、遺産分割協議自体は解除できないとするのが判例です（最判平元・2・9判時1308・118）。
(3)　そうすると、同じく債務不履行であっても、それが、遺産分割協議自体から生じた債務であるか別の債務であるか否かの判断は慎重になされる必要があることとなると考えられます。

3(1)　一方、既になされた遺産分割協議も「合意解除」できるとするのが判例です（最判平2・9・27判時1380・89）。合意解除は、新たな契約であると解し（ **4** ）、契約自由の原則を根拠とするものと考えられます。
(2)　登記実務上は、相続による所有権の移転の登記の抹消は、「錯誤」を原因とする申請の例が多いと思われます（ **3** **23** ）。しかし、申請人の事情は、「錯誤」に該当するよりも、むしろ「合意解除」に該当する場合が多いと思われ、この原因による抹消の方法が当事者の意思に合致する場合が多いと思われます（相続登記215頁）。

27 売主の相続人の解除（合意解除）による所有権の移転の登記の抹消

売主の相続人は、売主の地位を包括承継した者として、売買契約を解除（合意解除）して所有権の移転の登記を抹消することができます。

1(1) 例えば、売主Aと買主Bが売買契約を締結し、当該契約に基づきBに所有権の移転の登記を了した後、Aが死亡した場合、Aの相続人aが、この売買契約を解除（合意解除）して、B名義の所有権の移転の登記を抹消することができるか否かの問題です。
 (2) 契約上の地位が相続の対象となるか、解除と合意解除とで結論が異なるかが検討されなければならないと考えます。

2(1) 一般に「契約上の地位」も、被相続人の財産に属した「一切の権利義務」（民896）として、相続の対象になると解されます（なお、民539の2参照）。
 (2) 判例（大判大15・4・30民集5・344）は、被相続人の生前売買による所有権の移転の登記義務は、相続人に承継されると解しています（相続登記33頁以下）。

3(1) 売買契約から生じるのは、売主の目的物引渡義務（登記義務）と買主の代金支払義務（民555）であり、売主の取得したこの代金債権は、売主の地位に基づく財産権として相続人に承継されると考えられます。
 (2) したがって、Bがこの代金支払義務を履行しない場合、aはAの地位を承継した者として、AB間の売買契約を解除できる（民

541）と考えられます。ａはＡの売主たる地位から生じている解除権をも承継したと考えるからです。

4(1)　合意解除とは、既になされた契約を解消する新たな契約と解されます（ **4** ）。

それは、既になされた契約を前提としているので、Ａ、Ｂが各々、所有権の移転に関する契約上の義務を履行していれば、ＡＢ間には何らの法律関係がなく、したがって、ａには相続すべき契約上の地位はないとも考えられます。

(2)　しかし、買主の追完請求権（民562・564）等を考えると、Ａ、Ｂが双方の所有権の移転に関する義務を履行したとしても、なお、契約上の地位を失うものではないと考えられます。

そうすると、ａは、やはり売主たる契約上の地位を承継したと考えて、合意解除する地位を有すると考えます。

よって、Ａは死亡しているので合意解除によって、所有権の移転の登記の方法（ **25** ）はとれないので、所有権の移転の登記の抹消の方法によることとなります（昭30・8・10民甲1705）。

28 債権者代位権行使による所有権の移転の登記の抹消

　前登記名義人等は、抹消登記請求権を代位行使して、無効な登記の抹消をすることができます。

1(1)　所有権がAからB、BからCと移転し、各々所有権の移転の登記が経由されている場合、AからB、BからCの所有権の移転の原因が、各々無効なとき、Aに登記名義を回復するためには、B、C名義の登記を抹消する必要がありますが、その方法が問題となります。

(2)　なお、この場合、CからAへ「真正な登記名義の回復」を原因として所有権の移転による方法がありますが、この方法は、安易に用いるべきでないのは前述（ 14 ）のとおりです。

2(1)　所有権の移転の原因が原始的、後発的に無効な場合、B、C名義の登記は、実体に符合せず、その登記もまた無効となると解されます（ 1 ）。このとき、AはBに対し、BはCに対し、各々、その登記の抹消請求権を有します（最判昭36・4・28判時265・21・判時271・131）。

(2)　この抹消の登記は、各々AB、BCの共同申請（不登60）によることとなりますが、まず、BからCへの所有権の移転の登記を抹消し、次にAからBへの所有権の移転の登記を抹消することとなります（昭51・10・15民三5415）。Cの承諾を得て、直接ABの申請でB名義の所有権の登記の抹消をすることはできないと解されます。抹消の対象となる登記は、現に効力を有する登記なので、C

の登記を抹消しなければBの登記は現に効力を有する登記とならないからです。

3(1) B、Cが、この抹消の登記に協力しない場合は、Aは、Bに代位（民423①）して、BからCへの所有権の移転の登記の抹消を申請することとなります。つまり、AはBに対して有する登記を真実に合致させるため抹消登記請求権（ 8 ）を被保全債権として、BがCに対して有する抹消登記請求権を代位行使することとなります。

(2) 代位原因（不登59七）は、訴えによる場合が多いと考えられるので、Cに対する抹消登記を命じる判決が確定した日をもって「令和〇年〇月〇日順位〇番（Cの所有権の移転の登記の順位番号）所有権移転登記の抹消登記請求権」と構成することができると考えられます。抹消の登記原因は、上記判決中に示されますが（ 6 ）、「錯誤」とするのが一般です。

(3) このようにして、BからCへの所有権の移転の登記を抹消した上で、AからBへの所有権の移転の登記を抹消することとなります。判決による単独申請（不登63①）となる場合が多いと考えられ、登記原因証明情報として確定した判決の正本（不登令7①五ロ(1)）が必要とされます。

4(1) 実体上、所有権を取得し、その登記の未了の者が、自己に所有権の移転の登記を受けるため、債権者代位権を行使して、無効な登記を抹消する場合もあると考えられます。

　例えば、XからYが所有権を取得したところ、XからZへの所有権の移転がなされている場合が考えられます。

(2) この場合、YがXから所有権の移転の登記をなすためには、XからZへの所有権の移転の登記を抹消しなければならないとこ

ろ、Zがこれに協力しないときは、YはXのZに対する抹消登記請求権を代位行使することができると解されます（香川保一『新訂不動産登記書式精義　中巻(2)』2329頁（テイハン、1996））。
(3)　代位原因は、例えばXからYへの売買による場合には、「令和○年○月○日売買の所有権移転登記請求権」とされ、代位原因を証する情報（不登令7①三）としては、ＸＹ間の売買契約書等がこれに該当すると考えられます。

29 詐害行為取消権行使による所有権の登記の抹消

　詐害行為取消訴訟で勝訴しても、債権者は、不動産登記法63条により、自ら直接所有権の抹消登記を申請することはできず、代位申請によることとなります。

1(1)　詐害行為取消権とは、債務者が債権者を害することを知って財産権を目的とする法律行為等を行った場合、その取消しを請求できる権利とされています（民424①）。
 (2)　例えば、債務者甲が債権者Aを害することを知りつつ、悪意のBに不動産を贈与し所有権の移転の登記をした場合、AはBに対して詐害行為取消権を行使して、Bの登記の抹消請求をすることとなります。

2(1)　この詐害行為取消権は、裁判上行使することを要します。
　　　この訴訟は、AがBを被告として行うこととなり、甲を被告とすることはできないと解されています（民424の7①②、大判明44・3・24民録17・117）。
 (2)　また、この訴訟の法的性質について議論はあるものの、少なくとも、形成訴訟の性質を有すると解する点では、異論はないものと考えられます。

3(1)　そうすると、その取消訴訟の確定によって、法律行為が取り消され、所有権の移転の効力も取り消されるので、所有権の登記の抹消の登記原因は「令和○年○月○日詐害行為取消判決」となり

ます。

(2) また、この判決は確定していることを要するところ、実務上「令和○年○月○日」に言い渡された判決が、「令和○年3月21日の経過により」と確定証明書上に記載されている場合の確定の日は「令和○年3月22日」となります。

4(1) この訴訟は、前述2(1)のようにAが原告となりますが、登記手続上甲に登記名義を戻すときの抹消の登記の登記権利者（不登2十二）は甲であり、Aではありません。

(2) つまり、詐害行為取消訴訟で勝訴したAは、抹消登記申請の登記権利者甲に代位して登記申請することとなり、Aが登記権利者として単独申請（不登63）で抹消登記を申請するものではないと考えられます（登研484号121頁）。

(3) Aは、代位による申請となるので、代位原因を証する情報（不登59七、不登令3四）が必要となりますが、勝訴判決の正本がこれに該当することとなります。

　代位原因は、この裁判を請求することとなった債権関係と解されます。例えば、Aとしては甲に対する金銭債権を実現するため、甲名義に登記を取り戻すのであれば「令和○年○月○日金銭消費貸借の強制執行」と記載することとなると考えられます。

30　譲渡担保権消滅による所有権の移転の登記の抹消

　元の所有者名義にする方法として、所有権の移転の登記の抹消の方法によることもできますが、その登記原因は検討の余地があります。

1(1)　譲渡担保とは、債務者が債務の担保のため、自己の権利（圧倒的に所有権の場合が多いです。）を債権者に移転することと解されます。
 (2)　被担保債権が弁済等によって消滅すれば、抵当権の場合と同様に考えて、譲渡担保権も付従性によって消滅するので、譲渡担保権者（債権者）は、担保物を債務者に返還しなければならないこととなります。
　　　「譲渡担保」を登記原因として所有権の移転の登記がなされている場合は、その登記名義を債務者に回復させなければならないことになります。
 (3)　その方法については、所有権の移転の方法によるか、所有権の移転の登記の抹消の方法によるかは当事者の随意であると解されています（大判大7・4・4民録24・465）。

（所有権の移転の方法による記録例）

2	所有権移転	平成○年○月○日第○号	（略）所有者　A
3	所有権移転	平成○年○月○日第○号	原因　平成○年○月○日譲渡担保 所有者　B

| 4 | 所有権移転 | 平成○年○月○日第○号 | 原因　平成○年○月○日譲渡担保契約解除
所有者　A |

(記録例233・234)

(4) 登記実務上は、抹消の方法がとられる例が多いと思われます。登録免許税が不動産1個につき、1,000円で足りるからです。

　しかし、その抹消の原因は「錯誤」とする申請が多く（ **3** ）、実体を反映したものとはいえないと考えられます。

2(1) 譲渡担保権を債権担保のための担保物件と解すると、抵当権類似の構成により、担保権としての譲渡担保契約自体を解除することはあり得るのであり、上記記録例が「譲渡担保契約解除」を登記原因とするのも理解できるところです。

(2) 一応、このように考えることができるとしても、実体は、被担保債権の弁済等による譲渡担保権の消滅と考えられ、抹消の方法によるときの登記原因が検討されなければならないと考えられます。

3(1) 抹消の方法による場合の登記原因について、明示した先例等は存しないと思われます。

(2) そこで、所有権の移転の方法による場合の登記原因と同一に考えるべきものと考えます。前述のように、その方法は当事者の随意ではあっても、実体的な弁済等の譲渡担保権の消滅の原因は同一だからです。

(3) 所有権の移転の方法の場合につき、「令和○年○月○日債務弁済」とする見解が存します（香川保一『新不動産登記書式解説(1)』520頁（テイハン、2006））。

実体を反映した見解として理解できるところです。そうであれば、抹消の方法による場合にも、譲渡担保権の消滅という同一の実体を反映するものとして、この登記原因が妥当すると考えます。
(4)　なお、このように実体の反映を考えると、安易な「錯誤」を原因とする抹消は、最も実体に符合せず妥当でないと考えられます。

4(1)　このようにして、譲渡担保権が弁済等により消滅した場合、担保物の返還として、所有権の移転の登記の抹消の方法によるときの登記原因は「債務弁済」となると考えられます。
(2)　「債務弁済」であって、単に「弁済」としないのは、被担保債権の弁済等による消滅により、担保物の返還義務の履行を示すものと理解できると考えられます。

31 所有権の登記の抹消の場合の登記権利者、登記義務者の氏名、名称、住所の変更の登記の要否

登記義務者については、住所等の変更の登記を要し、登記権利者については不要です。

1(1) 所有権の登記にあっても、所有者の「氏名又は名称及び住所」は登記事項であり（不登59四）、所有権の登記の抹消の申請情報の内容である登記義務者の氏名、名称、住所が登記記録と合致しないときは、当該抹消の登記の申請は却下（不登25七）されることとなります。

(2) そこで、例えばAからBへ所有権の移転の登記がなされた場合、その所有権の移転の抹消の登記の申請時に、A、Bの氏名、住所等が登記記録と合致しない場合が検討されなければならないと考えられます。

2(1) この抹消の登記の申請は、Bが登記義務者（不登2十三）となって行われます。

したがって、Bの氏名、住所等は、登記記録と合致していなければならず、不一致の場合は、抹消登記の前提として、Bの氏名、住所の変更の登記を必要とすると解されます。

(2) このことは、抹消の登記原因が「錯誤」と「解除（合意解除）」とで結論は異ならないと考えられます。「錯誤」では、「どこの誰」との法律行為が錯誤によって取り消され、無効であるかを特定して明示する必要があり、Bの氏名、住所等が登記記録と合致しな

ければ、別異の者との法律行為が錯誤であったとも考えられるからです。「解除（合意解除）」では上記に加えて、その本質をも考慮しなければなりません。「解除（合意解除）」による所有権の移転の登記の抹消は、登記形式上は抹消ではあっても、実質的には、所有権の復帰的移転（ 25 ）と解されます。そうすると所有権の移転の登記の場合、登記義務者の氏名、住所等の変更の登記の省略が許されない（昭43・5・7民甲1260）のと同様と考えることとなります。
(3) 反対に、仮に、氏名、住所等の変更の登記をしても、それは付記登記（不登規3一）によってなされるので、Bの主登記と共に抹消されることから、この変更の登記を不要とする考えもあるかと思われます。この趣旨とも思われる先例（昭31・10・17民甲2370）もあるところですが、同先例は「抵当権等の所有権以外」の権利の登記の抹消の場合であり、所有権の登記の抹消の場合にも同様と考えられるか疑問の存するところです。
(4) よって、Bには、氏名、住所等の変更の登記が必要であり、その変更を証する情報を提供することによって、この変更の登記は省略できないものと考えられます。

3(1) 一方、Aは登記権利者（不登2十二）となります。
　　そうすると、Aの氏名、住所等が登記記録と合致しないときは、Aには申請権限がない者として申請は却下（不登25四）されると考えられます（登研116号38頁）。
(2) しかし、登記の形式上の効力から考えると、氏名、住所等の変更の登記の省略というよりも、むしろ変更の登記をすることができないものと考えます。
　　すなわち、登記名義人の氏名、住所等（不登64）の変更の登記に

いう「登記名義人」とは、抹消の登記が実行されるまではBでありAは、不動産の所有権の登記名義人ではないと考えられます。Aの登記は、形式上、現に効力を有する登記ではないと解されるからです。

したがって、A名義の登記は、変更の登記の対象とならないと考えられます（登研346号91頁）。

よって、この場合、Aは、その変更を証する情報を提供して、B名義の登記の抹消を申請することができる（登研463号83頁）と解するしか、抹消の登記の申請の方法がないと考えられます。

32 分筆転写により順位1番となった所有権の移転の登記の抹消

　一筆の土地の一部にも所有権の成立が認められるので、当該土地の一部の所有権の移転の登記の抹消も認められます。

1(1)　例えば、A所有の1番の土地の分筆前の乙部分に所有権が成立するかが問題となります。

(1番の土地)

甲部分 (1－1)	乙部分 (1－2)

(2)　判例（最判昭40・2・23判時403・31）は、当事者間において、契約当時その範囲が特定していれば、一筆の土地の一部も売買契約の目的とすることができると解しています。

(3)　そうすると、Aは、1番の土地の乙部分を除外して、甲部分のみをBとの売買契約の目的とすることができると考えられます。

(4)　この場合、錯誤により、1番の土地の全部をBと売買したとして、所有権の移転の登記をすると、1番の土地の乙部分は売買の目的ではないので、乙部分について、A名義の登記を回復させる必要が生じます。

　　以下に、その方法を検討します。

2(1)　まず、1番の土地には、次のように記録されています。

第2章 第1 所有権に関する登記の抹消

1番の土地

4	所有権移転	平成○年○月○日第○号	原因　平成○年○月○日売買 所有者　A
5	所有権移転	平成○年○月○日第○号	原因　平成○年○月○日売買 所有者　B

（記録例203）

(2)　このようにして、1番の土地の全部がB名義になった後、Bの申請により1番の土地を1番1（甲部分に相当）、1番2（乙部分に相当）に分筆します。

　1番2の土地には、順位1番として、1番の土地の順位5番の登記が転写されるので（不登規102①）、この登記を抹消し、A名義の回復をすることとなります。

　それは、次のように記録されます。

1－2の土地（乙部分に相当）

1	所有権移転	平成○年○月○日第○号	原因　平成○年○月○日売買 所有者　B 順位5番の登記を転写 平成○年○月○日受付 第○号
2	1番所有権抹消	平成○年○月○日第○号	原因　錯誤
3	所有権移転	平成○年○月○日第○号	原因　平成○年○月○日売買 所有者　A 2番の登記をしたので順位4番の登記を転写 平成○年○月○日受付 第○号

（記録例252）

(3) Bは、一旦1番の土地の所有権の登記名義人となるので、1番の土地を1番1、1番2とする分筆の登記の申請人となることができます（不登39①）。

　Bがこれに応じない場合には、Aは1番2の土地のB名義の所有権の登記の抹消登記請求権を保全するため、Bに代位して（民423①）、この分筆の登記を申請することができると解されます。

3(1) この抹消の登記によっては、登記記録は閉鎖されません。1番2の土地はAの所有だからです。
(2) また、本例は、A、B間で売買の目的物を誤った事例であり、「分筆錯誤」とは事例が異なります。分筆錯誤とは、申請人の錯誤により申請人が意図していた分割線と異なる分筆の登記がされた場合に、これを分筆前の状態に戻すこと（昭38・12・28民甲3374）と解されています。

33 「合併による所有権登記」の抹消の申請の可否

「合併による所有権登記」は、登記官の職権による登記なので、その抹消の申請は否定されます。

1(1) 「合併による所有権登記」は、例えば、1番1の土地と1番2の土地を合筆する場合、登記官の職権により1番1の土地の甲区になされる単一の登記です（不登39、不登規107）。

(2) それは、次のように記録されます。

(1番1の土地)

2	所有権移転	平成〇年〇月〇日 第〇号	（略） 所有者　A
3	所有権移転	平成〇年〇月〇日 第〇号	（略） 所有者　B
4	合併による 所有権登記	平成〇年〇月〇日 第〇号	所有者　B

（記録例32）

このとき、4番の「合併による所有権登記」の抹消の申請が認められるか否かが、問題となります。

2(1) 合筆の登記の申請、法的性格については、種々の見解があるところですが、一般に、この申請は、数個の土地を1個にすることを登記官に求めることと解されます。

行政庁としての登記官は、この申請に応じて「合筆」という公法上の処分をすることになります。

(2) つまり、「合筆」という登記官の処分により形成的に、新たな土

地が生じ、「所有権保存」的に新しく「合併による所有権登記」がなされ（吉野衛『新不動産表示登記入門』95頁（民事法情報センター、2002））、登記識別情報も交付される（不登21）こととされています。

3(1)　この「合併による所有権登記」を「錯誤」によって抹消できると考えると、それは「合併による所有権登記」は、実体上無効を意味すると考えることになります。

　しかし、この考えは、登記官がなした、「合筆」という公法上の処分が無効であることを意味することであり、否定されなければならないと考えられます。

　合筆登記の申請は、登記名義人であるＢによってなされ（不登39）、合筆の制限（不登41）に反しない以上、登記官は登記を実行しなければならないので合筆の登記、したがって、「合併による所有権登記」は無効とは解されないからです。

(2)　このように考えると、Ａが自己に登記名義を回復するためには、「合筆錯誤」を原因として4番の登記を抹消した上で、3番の登記を抹消することとなります。

2	所有権移転	（略）	（略） 所有者　Ａ
3	所有権移転	（略）	（略） 所有者　Ｂ
4	合併による所有権登記	（略）	所有者　Ｂ
5	4番所有権登記抹消	余　白	平成○年○月○日合筆錯誤により登記

（記録例82）

※表題部に合筆錯誤が記録されている。

なお、「真正な登記名義の回復」を原因として、BからAに所有権を移転する方法は認められません。4番の登記は、上記のように、無効な登記ではないからです（真正名義64頁以下）。

34 無効な合筆登記の後になされた権利に関する登記の抹消

　前提として、「合筆錯誤」により、合筆の登記を抹消する必要があります。

1(1)　例えば、Bは乙土地の所有者であるところ、甲土地についてもAから売買によって所有権を得たので、甲土地を乙土地に合筆し、合筆後の土地の所有権を売買によってCに移転している場合に、Aが甲土地の売買が無効であるとしてBに対する所有権の移転の登記を抹消するときの方法が問題となります。
 (2)　この点に関しては、合筆が無効であると解されるときになされる「合筆錯誤」の意義と合筆錯誤後の登記手続が検討されなければならないと考えます。

2(1)　甲土地について、ＡＢ間の売買が無効であればAはBに対して所有権の移転の登記の抹消が認められるべきと考えられるところ、甲土地の登記記録は合筆により閉鎖されているので（不登規106②）、直接にこの登記の抹消はできないこととなります。
 (2)　しかし、合筆登記がなされた乙土地につき、従前の甲土地の部分については実体に符合していない無効な登記としても、従前の乙土地の部分については実体に符合していると考えられるので、AはCに対して、合筆後の全部の登記を抹消することはできないと考えられます。
　そうすると、合筆前の各土地に該当する部分ごとに所有者が異なる一筆の土地が出現することとなりますが、このような合筆登

記は認められないと考えられます。一物一権主義に反するからです。

3(1) 合筆の登記は、表題部所有者又は所有権の登記名義人の申請によってなされます（不登39①）。したがって、甲土地と乙土地の合筆の登記自体は、Ｂの申請によってなされているので、手続法上の要件は充足されていると考えられます。

(2) しかし、合筆の登記をすることにより、合筆前の複数の土地ごとに成立していた所有権は、合筆後の一筆の土地を目的とする一個の所有権となると考えられ、それは、合筆前の複数の土地の所有権が実体上同一人に帰属していることを前提とすることとなると考えられます。よって、実体上、所有者が異なる合筆の登記は無効と解することとなります。

　ＡＢ間の売買が無効であれば甲土地の所有者はＡであり、Ｂ所有の乙土地との合筆は認められず無効となると解されます。

4(1) このようにして、合筆の登記が無効であるときは、「合筆錯誤」を原因として合筆の登記を抹消することとなります。

　合筆の登記をするときは、合併による所有権の単一の登記がなされますが（不登規107①）、この合併による所有権の単一の登記は、登記官の職権によってなされるので、合筆の登記を抹消する場合にも、これに伴って、登記官の職権によって抹消すべきであり当事者の申請によって抹消するのではないと解されます（昭45・3・9民甲973）。

(2) 合筆錯誤によって合筆の登記の抹消がなされるときは、乙土地の合併による単一の登記を抹消し、甲土地の登記記録を回復の上、乙土地のＣへの所有権の移転の登記を、分筆の登記に準じ（不登規

102準用)、甲土地に転写すべきと考えられます。手続上、一個の土地を数個に分ける点で合筆錯誤と分筆は同一と考えるからです。

5(1) これは、次のように記録されます。

甲土地

2	所有権移転	平成○年○月○日 第○号	原因　（略） 所有者　A
<u>3</u>	<u>所有権移転</u>	<u>平成○年○月○日 第○号</u>	<u>原因　平成○年○月○日売買 所有者　B</u>
<u>4</u>	所有権移転	平成○年○月○日 第○号	<u>原因　平成○年○月○日売買 所有者　C</u> ○番の土地の順位4番の登記を <u>転写</u>
5	4番所有権 抹消	余　白	原因　錯誤 平成○年○月○日登記
6	3番所有権 抹消	余　白	原因　錯誤 平成○年○月○日登記

乙土地

2	所有権移転	平成○年○月○日 第○号	原因　（略） 所有者　B
<u>3</u>	<u>合併による 所有権登記</u>	平成○年○月○日 第○号	<u>所有者　B</u>
4	所有権移転	平成○年○月○日 第○号	原因　平成○年○月○日売買 所有者　C

| 5 | 3番所有権登記抹消 | 余　白 | 平成○年○月○日合筆錯誤により登記 |

(記録例82（乙土地の順位5番の登記により、登記記録が回復された旨が甲土地の表題部に記録される。））

(2)　このように、合筆の登記が抹消されて、甲土地の登記記録が回復され、乙土地の順位4番の登記が転写されれば、BからCに対する所有権の移転の登記を抹消し、その後AからBに対する所有権の移転の登記を抹消することとなります。

35 「競売による売却」を原因とする所有権の移転の登記の抹消の可否

原則として、所有権の移転の登記の抹消は否定されます。

1(1) 例えば、担保権の実行としての「競売による売却」は、次のように記録されます。

2	所有権移転	平成〇年〇月〇日第〇号	（略） 所有者　A
3	差押	平成〇年〇月〇日第〇号	原因　平成〇年〇月〇日〇〇地方裁判所担保不動産競売開始決定 債権者　B
4	所有権移転	平成〇年〇月〇日第〇号	原因　平成〇年〇月〇日担保不動産競売による売却 所有者　C
5	3番差押登記抹消	平成〇年〇月〇日第〇号	原因　平成〇年〇月〇日担保不動産競売による売却

（記録例683）

(2) この場合、4番の所有権の移転の登記を申請によって、抹消できるかが問題となります。

2(1) 民事執行法施行前の事例として、甲名義の不動産が競落され、乙に所有権が移転し、乙に所有権の登記がある場合、甲乙の申請による「錯誤又は競売無効」を原因とする抹消の登記はできない

第2章 第1 所有権に関する登記の抹消

と解されています（昭40・10・28民甲2971）。

(2) このことは、民事執行法下でも同様と解されます。民事執行法上、所要の手続を経て、Cへの所有権の移転の登記が、裁判所書記官によって嘱託されます（民執82①）。

　この嘱託がなされるまで、裁判所は、その前提として目的不動産の権利関係について厳重な調査、審査が行われるので、Cが無権利であり、抹消の登記の対象となると考えることは極めて困難であると解されます。

　また、これを認めることは、競売による売却により、所有権以外の権利が消滅しているので、権利関係に与える影響が大きく妥当とは解されません（不動産登記実務研究会『Q＆A　権利に関する登記の実務Ⅳ（第2編）（所有権に関する登記（下））』229頁（日本加除出版、2008））。

(3) 以上のことは、「公売」による所有権の移転の登記の抹消の場合にも同様に解され、また「真正な登記名義の回復」により所有権の移転も否定されます。やはり、C名義の登記は無効とはいえないからです（真正名義68頁以下）。

3(1) ただし、C名義の登記を「抹消せよ」との判決による、所有権の移転の登記の抹消は認められると解されています（昭44・5・21民三553）。

(2) 「競売による」所有権の移転の登記は、絶対的に有効ではなく、無効と解する余地があると考えれば、裁判所の判断には、従うしかないと理解することとなると思われます。

36 土地の所有権の放棄による所有権の登記の抹消

　土地の所有権を放棄しても、所有権の登記は抹消されません。所有者と国との共同申請による所有権の移転の登記の形式によることとなります。

1(1)　土地の所有権の放棄も、物権の消滅事由の一つと考えられます。この放棄は、相手方のない単独行為と解されているところ、その結果として、当該土地は、所有者のない「無主物」となり、「国庫に帰属」することとなります（民239②）。
　(2)　放棄は、相手方のない単独行為であるとして、単独申請により所有権の登記の抹消ができるとも考えられます。

2(1)　しかし、土地の所有権の放棄によって、上記のように国に所有権が移転するので、この物権変動の過程を公示する必要があり土地所有者の単独申請により所有権の登記を抹消することは妥当でないと解されます。
　(2)　放棄も法律行為であり、その効果として所有権が国へ移転するとされているので、その真正を担保するためには、共同申請（不登60）によるべきであり、また、単独申請を認める規定（不登63等）はありません。

3(1)　先例（昭41・8・27民甲1953）は、国の資力によって危険防止を図る意図で所有権の放棄はできないと解しています。

また、固定資産税を免れるため、土地所有権の放棄を単独で申請することはできないとしています（昭57・5・11民三3292）。
(2)　これらの事例は、法律行為としての所有権の放棄が権利濫用(民1③)とも考えられますが、権利濫用ではないと考えるためにも共同申請により、登記権利者である国の嘱託による所有権の移転の登記の登記原因証明情報で判断することとなると考えられます。

37 所有権の登記に対する不動産登記法69条による抹消の単独申請の可否

　不動産登記法69条は所有権の登記には適用されず、単独申請による抹消はできません。

1(1)　例えば、Aが「買主Bが死亡した時は所有権の移転が失効する」旨の定めをした上でBに所有権を移転し、その登記をした場合に、Bが死亡したとき、Aは、単独でB名義の所有権の移転の登記を抹消できず、AとBの共同相続人の再度の所有権の移転の登記により、A名義の登記を回復することとなると解されます。

(2)　それは、次のように記録されます。

2	所有権移転	平成○年○月○日 第○号	（略） 所有者　A
3	所有権移転	平成○年○月○日 第○号	原因　平成○年○月○日売買 所有者　B
付記1号	3番所有権移転失効の定	余　白	買主Bが死亡した時は所有権移転が失効する 平成○年○月○日付記
4	所有権移転	平成○年○月○日 第○号	原因　平成○年○月○日所有者死亡 所有者　A
5	3番付記1号所有権移転失効の定抹消	余　白	4番所有権登記により平成○年○月○日登記

(3番まで記録例207)

2(1)　順位3番付記1号の「所有権移転失効の定」は、「権利の消滅に関する定め」(不登59五)として、登記事項となっています。
(2)　講学上、所有権は、恒久性を有するので、その消滅はあり得ないとも解されますが、「権利の消滅に関する定め」とは、登記原因（ここでは売買）である契約の付款であると解され（鎌田薫＝寺田逸郎編『新基本法コンメンタール　不動産登記法』185頁〔泰愼也〕(日本評論社、2010))、それは、売買契約に付された解除条件、終期と考えられます。

　そうすると、「権利の消滅に関する定め」は、所有権自体に付されたものではなく、所有権の登記にも、上記記録例のように所有権移転失効の定めとして記録されるものと考えられます。

3(1)　Bが死亡した場合は、ＡＢ間の売買契約の効力は消滅することとなります。

　このとき、判例は、「抹消の登記」によるのではなく、BからAへの再度の所有権の「移転の登記」の方法により、A名義に回復すべきであるとしています（大判大3・8・24民録20・658）。

　登記実務も「所有権の移転の登記」の方法によるとしています（登先394号120頁）。
(2)　Bは、死亡するまでは、所有者であり、Bの死亡によって、所有権がAに復帰的に移転すると考えて、上記見解が理解できるところです。

4(1)　よって、不動産登記法69条は、「登記の抹消」についての規定であり、本例には適用されず、原則に戻り共同申請(不登60)により、「所有権の移転」の方法によることとなりますが、Bは死亡しているのでBの共同相続人が、承継者として（ 27 ）、登記義務者と

なると考えられます。
 (2) 登記原因は、Bの死亡の日をもって、「平成○年○月○日所有権者死亡」と記録されます（登先394号120頁）。
  そして、この登記をしたときは、登記官は3番付記1号の所有権移転失効の定めを職権抹消することとなると考えられます（不登規174の類推適用）。

5(1) なお、この所有権移転失効の定めは、登記されているので対抗力を有します。
  したがって、CがBから所有権を取得していても、Bの死亡により、Cの所有権は失効することとなります。
 (2) また、AがBより先に死亡したとしてもその効力は失われないので、その後Bが死亡すれば、所有権はAの共同相続人に復帰すると考えられます。
  それは、Aの共同相続人が登記権利者、Bの共同相続人が登記義務者として4番の登記を経由した上で、Aの共同相続人への相続による所有権の移転の登記をすることとなると考えられます。

38 共有名義の所有権の登記が一つの登記でなされている場合の共有者の一人についての持分権の抹消

一人の持分権の抹消ではなく、更正の登記をすることとなります。

1(1) 例えば、AからBCへの所有権の移転の登記が一つの登記でなされた後、Bの持分が全部Dに移転した場合、次のように記録されます。

2	所有権移転	平成○年○月○日第○号	（略） 所有者　A
3	所有権移転	平成○年○月○日第○号	原因　平成○年○月○日売買 共有者 　　持分2分の1　B 　　持分2分の1　C
4	B持分全部移転	平成○年○月○日第○号	原因　平成○年○月○日売買 共有者 　　持分2分の1　D

(記録例209)

(2) この場合、共同買主BCのうち、Bに対する登記原因が無効であるとき、Bは無権利者となると考えられますが、一つの登記でなされた順位3番のB、C名義の登記の処理が問題となります。

2(1) BCへの所有権の移転の登記が一つの登記でなされているの

で、B名義の登記が実体に符合せず無効であるとしても、B名義の登記を抹消するには、Bの持分のみを抹消することはできないと解されます。
(2) 一方、Cの登記は無効ではないので、この限りにおいて、順位3番の登記は、実体に一部符合するものとして全部を抹消することは相当ではないと解されます。Cについて、対抗力を失わせることはできないとするのもその理由として考えられます。
(3) したがって、Bが無権利である場合は、実質的にはBの持分の抹消と考えられる更正登記をするのが相当であり、順位3番の登記を「所有権移転」から「所有権一部移転」と更正することとなります。

3(1) したがって、A、Bによる共同申請（不登60）の場合には、更正を証する情報を登記原因を証する情報（不登61）として提供する必要があることとなります。
(2) しかし、判決がBの持分の抹消を命じている場合、登記原因証明情報をどう理解するかが問題となります。
　　先例（昭44・9・9民甲1823）は、AからBCへの調停による所有権の一部移転が一つの登記でなされている場合、AがBに対して、この調停による持分譲渡契約無効に基づく持分所有権移転登記抹消登記請求の訴訟を提起し、Bに対して勝訴判決を得た場合には、この判決を原因とする（又は調停無効を原因とする）Bに対する持分所有権移転登記抹消登記申請は、当該判決に基づく当該移転の登記の更正登記の申請として受理するのが相当であると解しています。
　　「抹消」の登記を認める判決を更正登記の登記原因証明情報としているものと考えられます。

4(1)　なお、同先例は、Bの持分が更に第三者Dに移転されその登記がされているときはこの更正登記の前提として、その共有持分移転登記の抹消を申請する必要があると解しています。

(2)　更正登記は、実質的には、Bの持分の抹消の登記であり、Dの権利はBの権利を前提としているのでDは登記上の利害関係人（不登66・68）に該当するからと考えられます。

第2　用益権に関する登記の抹消

39　存続期間満了による地上権の登記の抹消

抹消の原因の日付に留意する必要があります。

1(1)　存続期間満了による地上権の登記の抹消は次のように記録されます。

1	地上権設定	平成○年○月○日 第○号	原因　平成○年○月○日設定 　(略) 存続期間　60年 　(略) 地上権者　B
2	1番地上権抹消	平成○年○月○日 第○号	原因　平成○年○月○日 存続期間満了

(記録例254・271)

(2)　A所有の土地の上にBが地上権を設定する場合、地上権について、存続期間の定めがあるときは、存続期間の定めは登記事項とされています（不登78三）。

　したがって、登記記録から地上権の設定日と存続期間から存続期間の満了日を計算することは可能となりますが、その登記される抹消の原因の日付に留意する点があります。

2(1)　抹消の原因の日付は、地上権が消滅した日となります。地上権は、更新（変更）の契約がなければ存続期間の満了によって消滅

するので、民法の期間計算の方法（民140～142）に従い、存続期間の末日の翌日が地上権の消滅の日となります。

(2) なお、存続期間が登記されている場合に抹消の原因の日付がこれと符合していることを要するかの問題があります。

地上権に存続期間の定めがあっても、ＡＢ間の合意によって存続期間を変更することは可能と解されますが、その変更の登記は対抗要件にすぎないと考えられます。特に、抹消される地上権について、存続期間の変更の登記をすることはＡＢにとって、登記上不経済とも考えられます。

したがって、登録された存続期間と抹消の原因の日付が符合していることを要しないと考えます。ただし、地上権の存続期間満了による抹消の場合でも、登記原因証明情報（不登61）の提供を要すると考えるので（ 76 ）、その中で存続期間の変更のあった旨の記載が必要となることとなります。

40 抵当権の目的となっている地上権の登記の抹消

　抵当権者の承諾があれば、地上権の登記の抹消の際に、抵当権の登記も登記官の職権により抹消されます。

1(1)　抵当権の目的となっている地上権の登記は次のように記録されます。

1	地上権設定	平成○年○月○日第○号	（略）地上権者　B
付記1号	1番地上権抵当権設定	平成○年○月○日第○号	（略）抵当権者　C
2	1番地上権抹消	平成○年○月○日第○号	原因　平成○年○月○日放棄
3	1番付記1号抵当権抹消	余　白	1番地上権抹消により平成○年○月○日登記

（記録例363・273）

(2)　地上権も抵当権の目的とすることができます（民369②）。この抵当権の登記は、地上権の登記の付記登記によってなされます（不登規3四）。
　　上記は、A所有の土地の上に、Bが地上権を設定しているところ、更にCがBの地上権に抵当権を設定している場合、Bの地上権が消滅したときの記録例です。

2(1)　Bの地上権の登記の抹消は、ABによって申請されますが、C

第2章　第2　用益権に関する登記の抹消　　　　　　　　　105

　はこの抹消についての利害関係人（不登68）に該当します。
　　Ｃの抵当権はＢの地上権を基礎としているからです。登記がされていれば、仮に、実体的に抵当権が消滅していても、Ｃは利害関係人となると解されます（ 10 ）。
(2)　このようにして、Ｃの承諾があるときは、Ｂの地上権の登記は抹消されることとなりＣの抵当権の登記も登記官の職権により抹消されることとなります（不登規152②）。順位3番の登記記録上、受付年月日、受付番号欄が 余　白 とされているのは、このことを示していると考えられます。

41 地役権が移転しない別段の定めがある場合の要役地の所有権の移転に伴う消滅

　この特約があると、要役地の所有権に対する随伴性が排除され、要役地の所有権が移転されると地役権は消滅します。

1(1)　地役権は、要役地の所有権に従たるものとして（付従性）、その所有権と共に移転（随伴性）するのが原則です（民281①本文）。当事者の特段の意思表示は、要しないと解されます（大判大10・3・23民録27・586）。
 (2)　したがって、要役地の所有権がAからBに移転すると、Bが地役権者となります。
　　この場合、地役権の登記の移転は、することができません（昭35・3・31民甲712）。
　　法律の規定によって移転するからと考えられます。また、後述のように地役権者は、直接登記されていないからと考えられます。

2(1)　ただし、地役権の随伴性を排除する別段の定め（民281①ただし書、不登80①三）がある場合には、例外として、要役地の所有権がBに移転しても地役権はBに移転しません。
 (2)　この場合、地役権は絶対的に消滅すると解されますが、これを明確に公示するため地役権の登記を抹消することになります（香川保一『新不動産登記書式解説(1)』825頁（テイハン、2006））。
　　現在の要役地所有者Aに限って地役権の行使ができるとする場合に、この特約が利用されると考えられます。

3(1) それは、次のように記録されます。
承役地

1	地役権設定	平成○年○月○日 第○号	(略) 特約　地役権は要役地と共に移転せず要役地の上の他の権利の目的とならない 要役地　○市○町○番
2	1番地役権抹消	平成○年○月○日 第○号	原因　平成○年○月○日　要役地の所有権移転

要役地

1	要役地地役権	余　白	承役地　○市○町○番 (略) 平成○年○月○日登記
2	1番要役地地役権抹消	平成○年○月○日 第○号	承役地地役権抹消の登記による

(記録例284・290)

(2) 承役地に地役権の設定の登記がなされると、登記官の職権により地役権の内容が要役地になされます。この場合、承役地、要役地のどちらにも地役権者の住所、氏名は登記されません（不登80④②）。

　地役権者は、要役地の登記記録から判断することとなります。
　したがって、この地役権の登記の抹消は、承役地の所有権の登記名義人が登記権利者であり、登記義務者としての地役権者は、要役地の所有権の登記名義人となります。なお、要役地には、登記官が地役権の登記を抹消することとなります（不登規159③）。
　登記義務者として提供される登記識別情報は、要役地の所有権の移転の登記の際に通知されるものでよいとされています（昭37・6・21民甲1652）。

42 転借権の登記のなされている賃借権の登記の抹消

　賃借権の移転（譲渡）の場合と異なり、転借権者は賃借権の登記の抹消の利害関係人となります。

1(1)　転借権の登記のなされている賃借権の登記の抹消は、次のように記録されます。

1	賃借権設定	平成〇年〇月〇日第〇号	（略） 特約　譲渡、転貸ができる 賃借権者　B
付記1号	1番賃借権転貸	平成〇年〇月〇日第〇号	（略） 転借権者　C
2	1番賃借権抹消	平成〇年〇月〇日第〇号	原因　平成〇年〇月〇日解約
3	1番付記1号転借権抹消	余　白	1番賃借権抹消により平成〇年〇月〇日登記

（記録例292・306・319）

(2)　上記は、A所有の不動産に対し、Bが賃借権を設定しているところ、Cがこの賃借権の転借人である場合、Bの賃借権が消滅するときの記録例です。

2(1)　1番の賃借権には、譲渡、転貸ができる旨の特約がなされているので、賃借権の譲渡と転貸の場合の賃借権の抹消の申請人の相異が検討されなければなりません。

(2) 賃借権の譲渡の場合では、譲受人のみが賃借人となり、賃借人Bは賃貸借関係から脱落し、Aに対して何らの契約上の債務を負わないと解され（最判昭45・12・11判時617・58、なお、民605の2参照）、したがって、1番の賃借権の登記の抹消は、Aと譲受人が当事者として申請することとなります。

(3) これに対して、転貸の場合には、「賃貸人が賃借人に対してその権利を行使することを妨げない。」（民613②）とされ、賃借権者Bはこの賃貸借契約から完全に脱落するのではなく、Cの転借権は、Bの賃借権を基礎として存続していると考えられます。

　したがって、1番の賃借権を抹消するについて、Cは登記上の利害関係人（不登68）としてその承諾を要し、その承諾があるときは、転借権の登記は登記官の職権により抹消されるのは前述（ 40 ）と同じです。

43 共有者の一人の合意がないのに設定された賃借権の設定登記の抹消

　この賃借権は無効であり、賃借権の設定の登記は抹消すべき登記となります。

1(1)　例えば、AB共有の土地に対して、Aの合意がないのにCが賃借権を設定したとして、賃借権の登記を経由した場合、Aは、Cに対して、この登記の抹消を請求できるかが問題となります。
 (2)　この点に関して、この賃借権は全体として無効と解すると、その登記も実体的法律関係と符合せず無効なので抹消すべき登記となると考えられます。
　　一方、Bの持分についての賃借権は有効と解するとその登記は一部は実体に符合しているので、抹消ではなく更正すべき登記となると考えられます。
　　それは、持分上に賃借権が成立するか否かにより結論が異なることとなると考えられます。

2(1)　仮に、Cの設定した権利が抵当権であるとすると、CはAの持分については抵当権を取得しないものの、Bの持分については抵当権を取得すると考えられ、Cの登記は、一部は実体に符合しているので、更正登記の対象となると考えられます。
　　そこで、賃借権の設定の場合にも抵当権の場合と同様に考えることができるか否かが検討されなければなりません。
 (2)　賃借権は債権であること（民601）を重視すれば、賃借人は賃貸人に対して目的物を使用、収益させるように「請求」でき、この

請求権は、賃貸人が共有者の一人であっても成立し、持分についての賃借権の設定の登記も認められると考えることとなります。
(3) しかし、先例（昭48・10・13民三7694）は、持分に対する賃借権の設定の仮登記の申請は受理できないと解しているので、賃借権の本登記についても、同様に解することとなると考えられます（登研320号64頁）。

その理由は、第1に、賃借権は「物」の上に成立しますが（民601）、持分は「物」ではなく、所有権の内容と解されます。第2に、共有者は単独で用益することができませんから（民249）、持分上の賃借権を認めたとしてもこの賃借権を設定したとされる者も単独では用益することができないので、持分上の賃借権を認めても無意味と考えられます。第3に、法律関係が複雑となります。

このようにして、持分上の賃借権の設定は認められないとするのが登記実務と考えられます。

3(1) したがって、Aの合意がないのにBがCのために共有物に設定した賃借権は、Bの持分については成立していると考えることはできないので、全体として無効と解されその登記は抹消すべき登記となり、更正登記の対象となるのではないこととなります。
(2) この場合、Aは、Bと共同してCに対してこの登記の抹消を請求できるほか、抹消請求を保存行為として、A単独でCに対して、この登記の抹消請求ができる（民252ただし書）と解されます。

第3 抵当権に関する登記の抹消

44 抵当権の登記の抹消の前提としての登記名義人の住所等の変更の登記の要否

抵当権者については、住所等の変更の登記の省略が認められますが、所有者には変更の登記が必要です。

1(1) 抵当権の登記の抹消は、所有者と抵当権者が、登記権利者、登記義務者となり申請されますが、抵当権の設定の登記後、その抹消までの間に、各々住所等の変更が生じている場合があります。
 (2) この場合には、その事実を公示するために住所等の変更の登記をするのが原則です（不登64①）。
　　しかし、この変更の登記の省略が認められる場合があります。

2(1) 登記義務者が、所有権者以外の者である場合には（ 31 ）、変更を証する情報の提供があれば、変更の登記の省略を認めるのが先例（昭31・9・20民甲2202、昭31・10・17民甲2370）です。
 (2) 登記義務者である抵当権者の住所等が、登記記録と一致しないときは、形式上は却下事由（不登25七）に該当すると解されます。
　　しかし、この変更の登記をしたとしても、抵当権の抹消の登記が実行されれば、この変更の登記も、付記登記（不登規3一）でなされるので抵当権の登記と共に抹消されることとなります。
　　したがって、変更の登記を要するとすると、申請人に負担を強いることとなるので変更の登記の省略を認めたものと考えられます。

(3) ただし、抵当権の権利主体自体に変更がありその後に抹消の原因が生じた場合には、抵当権の移転の登記を要します（昭32・12・27民甲2440）（ 47 ）。変更の登記の省略が認められるのは、権利主体に変更がなく、ただその住所等に変更がある場合に限られます。

3(1) 反対に、登記権利者である所有者については、変更の登記の省略は認められません。

　登記権利者の住所等が登記記録と一致しないので申請の権限を有しない者の申請として、却下事由（不登25四）に該当すると解されます。

(2) この場合、抵当権の抹消の登記が実行されても所有権の登記は残存するのであり、また、現在の所有者の住所等を公示するのが、望ましいと解されるので、原則により、変更の登記が必要と考えられます。

45 共有物の全体に設定されている抵当権の登記に対する共有者の一人からの抹消申請

　共有者の一人は、共有者全員のため、共有物の全体に設定されている抵当権の登記を抹消することができます。

1(1)　例えば、ＡＢ共有の不動産の全体について抵当権を設定する場合、Ａ、Ｂが登記義務者となります（不登2十三）。
　　　したがって、この抵当権が消滅すれば、上記と反対に考えて、登記上負担がなくなるのでＡＢが登記権利者（不登2十二）となって、当該抵当権の登記を抹消することとなると考えられます。
 (2)　しかし、Ｂが抹消登記の申請人とならない場合があります。
　　　Ａのみが、抵当権の被担保債権を弁済した場合や、抹消申請の関係書類をＡのみが所持している場合等が考えられます。

2(1)　この場合、Ａのみの申請によって、抹消の登記を申請することができると解され（登研463号85頁）、その申請は次の例によるとされています。

登記申請書

登記の目的　　　抵当権抹消
原　　因　　　　令和〇年〇月〇日弁済
抹消すべき登記　令和〇年〇月〇日受付第〇号
権利者
　　　（申請人）　　Ａ

義務者	B C 以下（略）

(2) この例によれば、ＡＢは登記権利者であり、かつ、Ａは申請人とされます。

　Ｂもこの抵当権の抹消により、抵当権の負担がなくなるので、登記の形式上、直接に利益を受ける者として登記権利者となると考えられます。

　一方、Ａは登記権利者であるとともに、申請人とされています。抵当権が弁済等によって実体的に消滅している場合、その抹消の登記を申請すること自体は、保存行為（民252ただし書）に該当すると考えられます。よって、Ａは、Ｂのために保存行為として、抹消登記の申請人となることができることとなります。

46 所有者に相続（合併）が生じた場合の抵当権の登記の抹消

　抵当権の消滅原因が生じた日付と相続（合併）が生じた日付の前後により、所有権の移転の登記の要否が決まり、また抹消が保存行為に該当する点に留意する必要があります。

1(1)　抵当権の消滅も物権変動の一種であり（民177、不登3）、登記権利者と登記義務者の共同申請により抹消の登記がなされるのが原則です（不登60）。
　　　しかし、抵当権の設定から抹消まで長期間を要する場合が多く、その間に所有者に相続（合併を含みます。）が発生する例が見られます。
 (2)　このとき、抵当権の登記の抹消は所有者が登記権利者（不登2十二）となるので所有者に相続による所有権の移転の登記を要するかが問題となります。
　　　それは、弁済等の抵当権の消滅原因の発生の日と相続の発生の日との関係から考えることとなります。

2(1)　例えば、A所有の土地にBが抵当権を設定し、その登記をしているところ、A死亡後に弁済等によりBの抵当権が消滅している場合には、Aの相続人aが、相続による所有権の移転の登記をした上で抵当権の抹消の申請人となると解されます（登研564号143頁）。
 (2)　抹消の登記権利者は、現在の所有権登記名義人であるところ（明32・8・1民刑1361）、抵当権の消滅という物権変動は、Aの死亡によ

り所有権がaに承継されてから生じているので、aについて、相続による所有権の移転の登記をしなければ、物権変動の過程を公示できず、妥当でないからと理解できるところです。
(3) 判例（大阪高判平20・2・29登情576・90）も、この場合、相続の登記をしないで、aが登記権利者として抹消の登記を申請することはできず、また不動産登記法62条により、登記権利者の相続人として抹消の登記もできないと解しています。

3(1) 反対に、弁済等の消滅原因が発生した後にAが死亡した場合には、Aの相続人aは相続による所有権の移転の登記をしなくても、Aの一般承継人として、抹消の登記を申請することができると解されます（不登62）。
(2) この場合、抵当権の消滅という物権変動はAとの間で生じ、Aが取得した抹消登記請求権（Aは抹消の登記の申請人となることができる場合です。）は、Aの相続人aに承継（相続登記34頁）されるので（不登62）、aは抹消の登記の申請人になることができると理解できるところです。抵当権の登記を抹消してから、相続による所有権の移転の登記をすることは、物権変動の過程の順に登記することで、不動産登記法の目的にも反しないと考えられます。
(3) Aの共同相続人がa_1、a_2である場合には、登記権利者はa_1、a_2ではあるものの、a_1はa_2のため、単独で申請人になれると解されます。抵当権の登記の抹消は、既に消滅している抵当権の登記を除去し登記形式上、土地の負担をなくすものとして保存行為（民252ただし書）に該当するからと解されています。

すなわち、共有者の一人が共有者全員のために抹消の登記の申請ができる（登研425号127頁）（ 45 ）のと同様に解することができると考えられます。

47 抵当権者に相続（合併）が生じた場合の抵当権の登記の抹消

　抵当権の消滅原因が生じた日付と相続（合併）が生じた日付の前後により、抵当権の移転の登記の要否が決まり、また抹消が保存行為に該当しない点に留意する必要があります。

1(1)　抵当権の設定後、その消滅による抹消の登記までの間に、抵当権者に相続（合併を含みます。）が生じている例は、登記実務上特に抵当権者の合併が多く見られると思われます。
 (2)　この場合、抹消の登記の前提として、抵当権の移転の登記を要するか否かが問題となりますが、ここでも、抵当権の消滅原因が生じた日付と相続、特に合併が生じた日付により、その要否が決定されることとなるのは、前述（ 46 ）と同様です。

2(1)　例えば、抵当権者に相続、合併が生じた後、弁済等により抵当権が消滅する場合があります。
 (2)　この場合、相続又は合併により、抵当権の移転の効果が生じているので、抹消の前提として抵当権の移転の登記を要すると解されます（昭32・12・27民甲2440）。
 (3)　実体的には、抵当権の移転という第1の物権変動があり、その後、抵当権の消滅という第2の物権変動が生じていると考えられます。
　　この過程は、不動産登記法の目的として忠実に公示されるべきであり、もし、抵当権の移転の登記を省略できるとすれば、この目的に反するのみならず、登記上権利関係に混乱を招くこととな

ると考えられます。被相続人（死亡者）、被合併会社（消滅した会社）に対する弁済等を公示することとなり、妥当でないと考えられるからです。

　また、抵当権者の相続、合併の後に、弁済等が生じているときは、被相続人、被合併会社は抹消の登記義務を負っていないと考えられ、そもそも抹消の登記の登記義務者として「登記の申請人となることができる場合」ではないので、不動産登記法62条の適用がある場合ではないと考えられます。

　このような点から、上記先例は理解すべきと考えます。

3(1)　反対に、抵当権者の相続、合併前に既に抵当権の消滅原因が生じている場合がありますが、抵当権の移転の登記をすることなくして、合併等を証する情報を提供の上、抹消の登記をすることができると解されています（登研479号124頁）。
  (2)　この場合、既に弁済等により実体上は抵当権は消滅しているので、抵当権自体は相続人等に承継されることはないと考えられます。ただし、抵当権の消滅による抵当権の登記の抹消義務は、相続人等に承継されているので、不動産登記法62条により、抹消の登記の登記義務者として申請人となると考えられます。

　この様に解しても、物権変動の過程を公示するものとして、登記上の権利関係に混乱を招くものではないと考えられます。
  (3)　相続の場合につき、弁済等により抵当権が消滅し、その抹消の登記を申請しない間に抵当権者に相続が開始したときは、抵当権者の「共同相続人全員」が登記義務者として抹消の登記の申請人となると解されます（昭37・2・22民甲321）。

　前述（ 46 ）のように、登記権利者の相続の場合には、抵当権の登記の抹消は保存行為（民252ただし書）に該当すると考えられる

ところ、登記義務者の相続の場合の抵当権の登記の抹消は、「共有者全員の同意」(民251) を要すと考えられます。形式上、抵当権の登記を失うこととなるので「共有物の変更」と解することとなると考えるからです。

48 「弁済」「解除（合意解除）」「放棄」による抵当権の登記の抹消

　抵当権は、これらの原因によって消滅しますが、その異同を抵当権の性質から検討することが必要です。

1(1)　抵当権は、被担保債権との付従性を有すると解されています。
　　　これを抵当権の消滅の場合について見れば、抵当権は、債権者の債権の担保を目的とするので、この被担保債権が消滅すれば物権としての抵当権も消滅することとなります（消滅における付従性）。
 (2)　登記実務上は、この抵当権の法的構造を前提として抵当権の登記の抹消を処理すべきと考えます。
　　　以下、問題となる点を検討することとします。

2(1)　「弁済」とは、講学上準法律行為と解され、効果意思によって被担保債権が消滅するのではなく、債権の内容が実現されたこと（債務の履行）によって消滅すると解されます。
 (2)　したがって、被担保債権が「弁済」によって消滅すれば、付従性によって抵当権はその目的を達成したものとして消滅することとなります。
 (3)　このように考えれば、「弁済」によって消滅した抵当権に対して「解除（合意解除）」の余地はないと考えられます。
　　　この点で、「解除原因　令和○年○月○日弁済」とする抵当権の登記の抹消の登記原因証明情報の提供がなされる例が散見されますが妥当ではないと考えられます（登記原因197頁）。

3(1) 「解除（合意解除）」の法的性質は、前述（ 4 ）のとおりですが、解除される対象が被担保債権の契約なのか、物権としての抵当権の設定契約なのかが検討されず、単に「解除」とする例が多いと思われます。

(2) 被担保債権の契約を解除すれば、被担保債権が消滅するので、付従性により、物権としての抵当権も消滅することとなります。

　一方、物権としての抵当権の設定契約を解除すれば、抵当権は消滅するものの、被担保債権は存続していると考えられることに留意すべきです。抵当権そのものの解除のときは「年月日抵当権解除」とする見解（登研357号83頁）もあります。

(3) 共同抵当権の場合に、目的不動産の一部についてのみ、抵当権の登記を抹消する例が、登記実務上多く見られますが、この場合の「解除」とは、物権としての抵当権の設定契約を解除したものと考えられ、約定解除、合意解除によって、抵当権のみが消滅したと考えられます。被担保債権の解除は、通常は考えられないからです。

　それは、次のような登記原因証明情報の記載から判断されます。

> 株式会社Ａ銀行は、株式会社Ｂとの間で令和○年○月○日○○法務局受付第○号をもって登記した債務者株式会社Ｂ、債権額○万円の抵当権のうち、令和○年○月○日後記不動産に限り解除する旨を約した。
> （略）

4(1) 上記のことは、「放棄」による抵当権の登記の抹消の場合にも妥当すると考えられます。

(2) 被担保債権が放棄されれば、抵当権も付従性によって消滅し、

物権としての抵当権を放棄すれば、被担保債権は残存すると考えられます。通常、特に共同抵当権の場合には、抵当権のみの放棄と考えられます。

それは、次のような登記原因証明情報の記載から判断されます。

令和○年○月○日抵当権設定契約（以下「原契約」という）により設定された抵当権（下記のとおり登記済）のうち、後記物件についてその抵当権を放棄した。

原契約により後記物件に設定された抵当権の表示
令和○年○月○日　○法務局　受付第○号　登記済

49 「主債務消滅」による抵当権の登記の抹消

「解除」を原因とする抹消も可能であり、その例も多いと思われますが、多くの場合、実体を反映したものとは考えられません。

1(1) 抵当権の設定の登記原因を、例えば、「令和〇年〇月〇日保証委託契約に基づく求償債権」とする場合、その消滅のときに、「主債務消滅」を原因とする抵当権の登記の抹消がなされます。
(2) それは、次のような構造と考えられます。

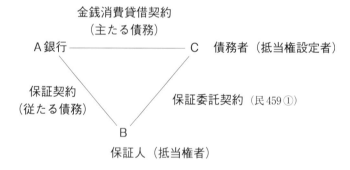

ＡＣ間に金銭消費貸借契約が成立し、ＡはＣに対し、人的担保として保証人を要求し、ＣはＢに対し保証人になることを委託し、Ｂはこれに応じてＡとＣの債務についての保証契約を締結しました。

ＢはＣに対し、将来取得することがあるべき求償債権を担保するため、Ｃ所有の不動産上に抵当権を設定しました。

2(1) この場合、Ｃが主たる債務である金銭消費貸借上の債務を履行

し、Aに対して弁済すれば、主たる債務は消滅するので、Bの抵当権の被担保債権である求償債権は発生することなく消滅し、よって、抵当権もまた消滅することとなると考えられます。
(2) このときの抵当権の登記の抹消原因は、「主債務消滅」とされています（登研126号43頁）。

他の原因による抹消も理論上は可能と考えられますが、極めて考えにくく、実体に則したものとは思われません（登記原因199頁）。

以下、検討します。

3(1) 「弁済」を原因とする抵当権の登記の抹消には、次の問題が生じます。
(2) まず、CはAに対して「弁済」しているものの、Aは、そもそも抵当権者ではありません。この「弁済」によって消滅するのはAのCに対する債権であって、抵当権者BのCに対する債権ではありません。
(3) 次に、CのBに対する「弁済」は、理論上、可能性としては考えられるところです。

しかし、そうとしても、CはBの保証委託契約から生じた求償債権を弁済することと考えられ、それは、CのAに対する主たる債務の不履行により、BがAに対する保証債務を履行したことを意味すると考えられます。

しかし、このようなことは稀有の例と思われます。

4(1) 「解除」を原因とする抵当権の登記の抹消も理論上は考えられます。

しかし、これも、その例は考えにくいと思われます。
(2) 抵当権の設定契約のみを解除し、求償債権を残存させる解除は、

通常考えられません。Bが無担保債権者となるのでは、抵当権を設定したことが無意味となると考えるからです。

　ＢＣ間の保証委託契約が解除されれば、被担保債権が消滅するので、抵当権も消滅すると一応は考えられます。しかし、これも通常は考えられません。Bにとって、Aに対する保証債務が残るにもかかわらず、Cに対する求償権が無担保債権となるからです。

第２章　第３　抵当権に関する登記の抹消　　127

50　「混同」による抵当権の登記の抹消の申請人

　共同申請の形態であり、単独申請ではありません。

1(1)　「同一物について所有権及び他の物権が同一人に帰属したときは、当該他の物権は、消滅する。」(民179①本文)とされています。
 (2)　例えば、「他の物権」としての抵当権者Ａが、その抵当権の目的となっている不動産の「所有者」となったときは、当該「他の物権」としてのＡの抵当権は消滅することとなります。
　　よって、その登記は実体に符合しない抹消すべき登記となりますが、所有者又は所有者であった者と抵当権者が同一人なので、抹消の登記の申請形態が検討されなければならないと考えられます。

2(1)　まず、「混同」が生じた後に所有権がＡに移転した場合を検討します。

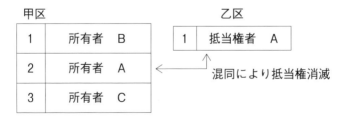

　　上図において、所有者Ｂの不動産上に、Ａが抵当権を有していたところ、Ａがこの不動産の所有権を取得（代物弁済を原因とする場合を除きます。）した場合、実体上混同が生じ、抵当権が消滅したにもかかわらず、その抹消の登記の未了のうちに、所有者が

Cとなったとき、抵当権の抹消の登記の申請人は誰かの問題が生じます。
(2) この場合、AとCの共同申請によるとするのが先例（昭30・2・4民甲226）であり、抹消の原因日付は、AがBから所有権を取得した日と解されています。

登記形式上、所有者と抵当権者が異なっているので、混同は生じないとも考えられます。

しかし、Aが所有者となった時点で、混同が生じ抵当権も消滅しているので、後にCが所有者となっても抵当権は復活しないと考えられます。

したがって、Aが登記義務者（不登27三）になるのは当然として、Cは抹消により、登記上、抵当権の登記がなくなるという利益があるので登記権利者（不登27二）となると考えられます。実体的には、AC間には、抵当権の消滅についての直接の法律行為、事実は存しないものの、Cは妨害排除請求権を有しているとも考えられます（ 8 ）。
(3) なお、Bが抵当権の債務者でありAがBから「代物弁済」（民482）を原因として所有者となっている場合には、抹消の登記原因は「混同」ではなく、「代物弁済」となります（登研270号71頁）。

抵当権は、被担保債権と付従性を有するので（ 48 ）、被担保債権が代物ではあっても、弁済により消滅し、よって抵当権も消滅すると理解することができます。
(4) また、この付従性の点から、債権の混同（民520）にも留意すべきと考えられます。例えば、相続により、債権者と債務者が同一人となれば、被担保債権は混同によって消滅するので、付従性により相続の日付で抵当権も消滅することとなります。

第2章　第3　抵当権に関する登記の抹消　　　　　　129

3(1)　次に、登記実務上は、登記上Cが出現する以前に、Aからの混同による抵当権の登記の抹消が申請される例が多いと思われます。

　　この場合、実質的には、登記権利者、登記義務者は、同一人Aなので、単独申請によるのではないかとの疑問が生じます。
(2)　しかし、「権利者兼義務者A」として、形式上は共同申請の形態によるとされています（不登実務805頁）。

　　不動産登記法上は、単独申請を認める規定がなく、上記Cが出現した場合とパラレルに考えて、原則に戻って共同申請の形態（不登60）によると理解することとなります。

51 「混同」による抵当権の登記の抹消の添付情報

登記識別情報（登記済証）と登記原因証明情報の添付を要します。

1(1) 前述（ 50 ）のように、混同による抵当権の抹消の登記は、形式上は、登記権利者、登記義務者の共同申請によると解されるとしても、同一人によって申請されるので、登記識別情報（不登22）の提供は不要とも考えられます。

(2) この点につき、登記識別情報（登記済証）の提供を要するとするのが先例です（平2・4・18民三1493）。

　登記識別情報の提供を要するとする趣旨は、この提供によって、登記名義人本人が申請していることが確認できる、つまり、申請の真正を担保する点にあると解されます（鎌田薫＝寺田逸郎編『新基本法コンメンタール　不動産登記法』76頁〔小宮山秀史〕（日本評論社、2010））。

　仮に、この提供を不要とすると、抵当権の抹消の登記の申請には印鑑証明書の添付が不要なので（不登令16②・18②、不登規48①五・49②四）、全く申請の真正は担保できず、第三者が本人として申請する危険が払拭できないと考えられるので、この点から上記先例を理解すべきものと考えます。

2(1) 登記原因証明情報の提供（不登61）の要否についても見解の対立があり、不要とする立場は、混同が生じているか否かは、登記記録上、明白であると解していると考えられます（登研690号221頁・735号71頁）。

しかし、これを要すると考えるので、以下、その理由を検討します。
(2) まず、法文上「法令に別段の定めがある場合」には、これは不要とされますが、混同の場合に、これを不要とする法令は存しません。
(3) 次に、登記記録上から、明白に混同が生じていると解することはできないと考えます。登記がなくても当該抵当権を目的とする実体上の第三者（民179①ただし書）の存在が否定できないからです（登記イン95号47頁）。

登記原因とは、「登記の原因となる事実又は法律行為」（不登5②）と定義されているところ、それは、実体法上の事実又は法律行為を指すと考えられます。

そうすると、実体上、混同が生じているか否かは、第三者の登記がなくても登記記録上から明白に判断できず、この点を明らかにするために、登記原因証明情報上、第三者の存在を否定して、実体上混同が生じたと判断できるようにすることが、登記原因証明情報の機能と考えられます（登記原因201頁）。

第三者の登記の有無は、抹消の登記の手続上、その者の「承諾」の要否として考慮されるのであって、実体上、混同が生じたか否かとは、別の問題と考えます。

52 後順位抵当権者による先順位抵当権の登記の抹消

　登記された先順位抵当権が実体的に消滅している場合には、反対の見解も有力ですが、後順位抵当権者は、登記権利者として、先順位抵当権の登記の抹消を申請することができます。

1(1)　例えば、所有者Aの不動産に、Bが第1順位、Cが第2順位の抵当権を有し、各々、その登記がなされている場合に、Bの抵当権が弁済等により消滅しているとき、このBの抵当権の登記の抹消の申請人は誰かの問題です。

(2)　この場合、A、Bが抹消の登記の申請人となることは明らかですが、Cが登記権利者、Bが登記義務者として抹消の登記を申請することもできると解されています（昭31・12・24民甲2916）。以下、その実体上、不動産登記法上の理由を検討することとします。

2(1)　一般に、抵当権の性質として、抵当権には順位昇進の原則があると解されています。
　　つまり、抵当権には、被担保債権との付従性があり、抵当権は、被担保債権と独立して成立するものではないと解されています。後順位抵当権者は、先順位抵当権の被担保債権が弁済等により消滅すれば抵当権も消滅するので、その順位が上昇することを期待して後順位抵当権を設定していると解されています。

(2) そうすると、先順位抵当権が消滅したにもかかわらず、その登記が残存していることは、後順位抵当権者からみれば、実質的には順位が上昇しているのに登記形式上は後順位となっているので、自己の権利の妨げとなっていると解されます。

　　したがって、2番抵当権者Cは、1番抵当権者Bに対して、妨害排除請求としての抵当権の抹消登記請求権を有していると考えられます（ 8 ）。

3(1) 不動産登記法上、登記権利者、登記義務者は、登記記録から形式的に判断されると解されるところ（鎌田薫＝寺田逸郎編『新基本法コンメンタール　不動産登記法』14頁〔河合芳光〕（日本評論社、2010））、Bは、この抹消の登記によって、自己の抵当権の登記を失うので「登記上、直接に不利益を受ける登記名義人」として、抹消の登記の登記義務者（不登2十三）となることとなります。

(2) 一方、Cが登記権利者（不登2十二）となるかは、検討の余地があると考えられます。Cは、Bの抵当権の登記の抹消により「間接に利益を受ける者」ではないかとの疑問もあるところです。

　　「間接に利益を受ける者」の例として、「先順位抵当権の抹消登記における後順位抵当権者」が掲げられています（鎌田＝寺田・前掲14頁）。

　　他者の申請によって、反射的に利益を受ける者は「間接的」に利益を受ける者と考えられますが、Cは、自己の申請によって自己の抵当権の順位が上昇するという利益があり「直接」に利益を受ける者として「登記権利者」となると考えられます。

(3) ただし、抹消の登記の登記原因証明情報上は、A、B間における抹消の原因となる法律事実、法律行為が記載されるべきものと考えられます。

　　B、C間では、抹消の原因が生じていないからです。

53　順位変更の登記の抹消

　抹消の対象となる、順位変更の登記がなされたときの登記原因と抹消の登記の申請形態に留意する必要があります。

1(1)　「抵当権の順位は、各抵当権者の合意によって変更することができる。」と規定されています（民374①本文）。
　　　すなわち、順位変更をする関係抵当権者全員の合意（変更契約）を基礎とすると考えられます。
 (2)　変更契約なので、一般の契約と同様に原始的に無効原因が存したり、後発的に解除される場合が考えられ、このような場合、既になされた順位変更の登記は実体関係に符合しないものとして抹消されるべき登記となります（ 1 ）。

2(1)　以上のことは、順位変更した関係抵当権者が別人であることを前提としていると考えられます。別人であるからこそ、変更契約が締結できるからです。
 (2)　一方、同一人が同一不動産上に数個の抵当権を有する場合もあり、「令和〇年〇月〇日変更」として順位変更の登記も認められています（登研300号69頁）。同一人について契約（合意）はあり得ないので登記原因を「変更」とするものと考えられます。
　　　そうすると、この場合には「解除」を原因とする順位変更の登記の抹消は考えられないこととなります。
　　　反対に、「無効」原因が存することは考えられ、登記実務上は、「錯誤」を原因とする例が散見されます。

3(1)　順位変更の登記は、関係抵当権の登記名義人の全員が共同して申請することとされ（不登89①）、そこには、登記権利者、登記義務者の概念はないと解されています（不登実務770頁）。

　そうすると、順位変更の登記の抹消の場合にも、登記権利者、登記義務者の概念はなく、関係抵当権の登記名義人の全員が「申請人」として申請されることとなります。

(2)　順位変更の登記をする場合、抵当権の登記名義人に氏名等の変更が生じているときは、前提として、その変更の登記が必要であると解されます（昭43・5・7民甲1260）。

　しかし、その抹消の場合には、上記と異なり、変更を証する情報の提供があれば、変更の登記を省略できると解されています（昭31・10・17民甲2370）。順位変更の登記は抹消され、その効力がなくなるから便宜的に認められると考えられます（ 44 ）。

54 抵当権の一部移転の登記がある場合の原抵当権の債権の消滅と一部移転した債権の消滅

どちらも実質的には抹消ですが、抵当権の変更の形式によることとされています。

1(1) 原抵当権の債権が消滅した場合の記録例は、以下のとおりです。

1	抵当権設定	平成○年○月○日 第○号	（略） 債権額　金2,000万円 （略） 抵当権者　Ａ
付記1号	1番抵当権一部移転	平成○年○月○日 第○号	原因　平成○年○月○日債権一部譲渡 譲渡額　金800万円 抵当権者　Ｂ
付記2号	1番抵当権変更	平成○年○月○日 第○号	原因　平成○年○月○日Ａの債権弁済 債権額　金800万円

(記録例401)

(2) 本例は、Ａが金2,000万円の債権を担保するため抵当権を有している場合に、その債権の一部金800万円をＢに譲渡し、残存しているＡの債権の全部が弁済されたときの例です。

この場合、付記1号によって、抵当権の一部移転の登記がなされ（不登4②）、当該抵当権は、ＡＢの準共有となると考えられます。

(3) Aの残った債権の全部の弁済があると、Aの債権は消滅するので準共有関係は解消され、当該抵当権は、Bの債権金800万円を担保する、Bのみを抵当権者とする抵当権の変更が生じたと考えられます。
(4) Aとの関係では、Aの債権が消滅しているので、実質的には抹消と考えられます。

　しかし、Aの抵当権の登記は主登記でなされているので、これを抹消すると、主登記のない付記1号の登記のみが残ることとなり、登記手続上、許されない結果となるので、抵当権の変更の形式によることとなります。

　また、付記2号で改めて「債権額」を「金800万円」と記録するのは、「譲渡額」ではなく、Bの「債権額」を明示するためと考えられます。
(5) このように登記の目的を抵当権の変更とすると、ＡＢの共有名義の抵当権を変更することとなるので、ＡＢが変更の登記の登記義務者となるのであり、Aのみが登記義務者となるのではないと解されます。

2(1) 一部移転した債権が消滅した場合の記録例は、以下のとおりです。

1	抵当権設定	平成〇年〇月〇日 第〇号	（略） 債権額　金100万円 （略） 抵当権者　A
付記 1号	1番抵当権 一部移転	平成〇年〇月〇日 第〇号	原因　平成〇年〇月〇日債権一部譲渡

| 付記2号 | 1番抵当権変更 | 平成○年○月○日第○号 | 譲渡額　金40万円
抵当権者　B
原因　平成○年○月○日Ｂの債権弁済
債権額　金60万円 |

(記録例402)

(2) 本例は、Ａが金100万円の債権を担保するため抵当権を有している場合に、その債権の一部金40万円をＢに譲渡し、Ｂにつき、譲受債権の全額の弁済があったときの例です。ここでも、抵当権の変更の登記によるとされています。

　　この場合でも、当該抵当権についてのＡＢの法律関係は、前述1と同様に準共有となります。

　　したがって、この抵当権の変更の登記の登記義務者もＡＢとなります。

(3) Ｂへの抵当権の一部移転の登記は付記登記でなされているので、Ｂの債権が消滅すれば、この付記登記のみを抹消しても、上記1(4)のような問題は生じません。

　　しかし、単に付記1号の登記を抹消しただけでは、当該抵当権は、Ａの残った金60万円の債権を担保しているのに、形式上は、原債権金100万円を担保していることとなり妥当でなく、「債権額」を「金60万円」と記載して、抵当権の変更の内容を明示しているものと考えられます。

55 転抵当の目的となっている原抵当権の消滅

　転抵当権者の承諾を有するものの、抹消の登記の登記義務者は、原抵当権者です。

1(1)　例えば、Aの有する抵当権を目的としてBが転抵当権を設定している場合に、Aの抵当権（原抵当権）が消滅し、これを抹消するときは、Bは、不動産登記法68条の「登記上の利害関係を有する第三者」の典型例と解され（鎌田薫＝寺田逸郎編『新基本法コンメンタール　不動産登記法』209頁〔河合芳光〕（日本評論社、2010））、Bの承諾を要するとされています（ 10 ）。

(2)　それは、次のように記録されます。

1	抵当権設定	平成○年○月○日 第○号	（略） 抵当権者　A
付記 1号	1番抵当権の転抵当	平成○年○月○日 第○号	（略） 転抵当権者　B
2	1番抵当権抹消	平成○年○月○日 第○号	原因　平成○年○月○日放棄 （弁済）
3	1番付記1号転抵当抹消	余　白	1番抵当権抹消により平成○年○月○日登記

（記録例450）

2(1)　転抵当（民376①）の法的性質については、学説上種々の議論のあるところですが、いずれにしても、Bの転抵当権はAの抵当権

を基礎としていると解されます。

　したがって、Aの抵当権が消滅すると、Bの転抵当は、その基礎を欠くこととなるので、Aの抵当権の消滅には、Bの承諾を要する（民377①）とされています。

(2)　このように考えると、Aの抵当権の登記の抹消は、Aが登記義務者であり、Bは登記の申請人ではないこととなります。この点で、Bの転抵当自体を抹消する場合（ 57 ）には、Bが登記義務者となるのと異なります。

(3)　Aの抵当権の登記が抹消されると、Bの転抵当の登記は、主登記のない付記登記（不登4②）となり、登記手続上許されないと考えられます。

　そこで、登記官は、職権でBの転抵当の付記登記を抹消すべきとされています（不登規152②）。3番の抹消登記事項には受付年月日、受付番号（不登59二）がないことが、これを示しています。

56　移転の付記登記のある抵当権の抹消

　主登記の抵当権の登記も一緒に抹消されますが、転抵当権がある場合の主登記の抵当権の登記の抹消とは、記録方法が異なります。

1(1)　登記実務上、債権譲渡を原因とする抵当権の移転の登記は多く見られます。この移転された抵当権が消滅した場合の法的説明と登記の方法が検討されなければならないと考えます。
　(2)　それは、次のように記録されます。

<u>1</u>	抵当権設定	平成○年○月○日第○号	（略） 抵当権者　A
<u>付記1号</u>	1番抵当権移転	平成○年○月○日第○号	原因　平成○年○月○日債権譲渡 抵当権者　B
2	1番抵当権抹消	平成○年○月○日第○号	原因　平成○年○月○日弁済

(記録例448)

2(1)　この事例は、Aが抵当権を有していたところBにその被担保債権を譲渡し、抵当権の移転の登記がなされている場合、この抵当権に全部の弁済がなされ、抵当権が消滅したときの記録例です。
　(2)　この場合、抵当権の譲渡人であるAは、抹消の登記には何ら関与しません。
　　　この抵当権は、債権譲渡によって、Bに移転し、Bが権利主体

となるのであって (抵当登記82頁)、Aは、抵当権関係から脱落することとなります。

よって、Bが抹消の登記の登記義務者であり、1番の主登記である抵当権の登記と1番付記1号でなされた抵当権の移転の登記（不登規3五）のいずれにも一緒に下線を記録することとなります。

(3) この点、転抵当権が設定されている場合の、原抵当権の抹消とは、その法的構造と登記の方法が異なります。

転抵当権が設定されている場合には、原抵当権者は原抵当権の権利主体であって、原抵当権の抹消の登記の登記義務者となります。転抵当権は、原抵当権を基礎として成立しているので、転抵当権者は、原抵当権の登記の抹消の場合の利害関係人となり、付記登記でなされた転抵当の登記（不登規3四）は、主登記の抵当権の登記とは別に、登記官の職権により抹消することとなります（不登規152②）（ 55 ）。

57 転抵当の抹消

転抵当権も抵当権の一種と解されるので、その登記の抹消は通常の抵当権の登記の抹消の場合と同様に考えれば足りると考えられます。

1(1) 抵当権者は、その抵当権を他の債権の担保とすることができるとされています(民376①)。つまり、転抵当とは、抵当権上に抵当権を認定することと考えられます。

(2) それは、次のように記録されます。

1	抵当権設定	平成○年○月○日第○号	（略） 抵当権者　A
付記1号	1番抵当権転抵当	平成○年○月○日第○号	（略） 転抵当権者　B
2	1番付記1号転抵当抹消	平成○年○月○日第○号	原因　平成○年○月○日弁済

(記録例426・451)

2(1) 上記記録例において、転抵当は付記登記によってなされ(不登規3四)、その登記事項も通常の抵当権の登記事項と同一とされるのは、転抵当とは、原抵当権を基礎として、抵当権の上に抵当権を設定することを示していると理解することができるところです。

(2) したがって、転抵当権の被担保債権が弁済等によって消滅すれば、通常の抵当権と同様、消滅における付従性（ 48 ）から、転抵当権も消滅することとなります。

(3) なお、転抵当が付記登記によってなされるところから、その抹消も付記登記によるとの見解もあるところですが、現行法上は上記記録例のように主登記によるとされています。

58 順位譲渡（放棄）の登記がある場合の順位譲渡をした抵当権の登記の抹消

順位譲渡を受けた抵当権者の承諾を要するとするのが登記実務です。

1(1) 抵当権の順位譲渡の登記は、次のように記録されます。

1	抵当権設定	平成○年○月○日第○号	（略） 抵当権者　A
付記1号	1番抵当権の3番抵当権への順位譲渡	平成○年○月○日第○号	原因　平成○年○月○日順位譲渡
2	（事項省略）	（事項省略）	（事項省略）
3 （ー 付1）	抵当権設定	平成○年○月○日第○号	（略） 抵当権者　B

(記録例435)

(2) 上記記録例において、1番の抵当権の登記が抹消されれば、後順位の抵当権は繰り上がるので（ 52 ）、Bには、損害を受けるおそれがなく1番の抵当権の登記の抹消には、Bの承諾は不要（不登68）とも解されます。

2(1)　しかし、先例は、Bの承諾を要すると解しています（昭37・8・1民甲2206）。
　　　いわゆる「隠れた国税債権」の存在を考慮すべしとするのがその理由と考えられます。
 (2)　例えば、Aの抵当権の登記は、国税の法定納期限以前になされているので、国税債権に優先するものの（税徴16）、Bの抵当権は、国税債権に劣後している場合があります。
 (3)　この場合、抵当権の順位譲渡の効力は、設定された抵当権の債権額の範囲内でのABに対する配当額の優先弁済権の優劣と解されるので（抵当登記152頁以下）、BはAに対して優先権を主張できると考えられます。
　　　このとき、Bの不知のまま、国税債権に優先するAの抵当権の登記が抹消されるとすると、順位譲渡を受けたにもかかわらず、Bの抵当権は、国税債権に劣後することとなり、不利益を受けるので、Bの承諾を要すると考えることとなります。
 (4)　この先例の見解に対しては、国税債権が発生していない場合もあり、また、国税債権は登記上表示されていないことから、登記官が審査できないので、Bの承諾を要するとすることに疑問があるところですが、登記実務上は、上記先例に従い、順位譲渡を受けた抵当権者は、全て順位譲渡した抵当権の登記の抹消の利害関係人となるとしています。

59 抵当権消滅請求による抵当権の登記の抹消

　抵当権の設定されている不動産の所有権を取得した者(第三取得者)が、一定の手続を経て、抵当権を消滅させる制度です。平成16年4月1日から施行されています。

1(1)　抵当権消滅請求とは、従来の滌除の制度（平15法134による改正前の民378以下）に代わり抵当権の設定されている不動産の所有権を取得した者（第三取得者）が、抵当権者に対して、当該不動産の自己が評価した評価額を提供し、その承諾を得た額を払い渡すか、供託して抵当権を消滅させる制度です（民379）。第三取得者の保護を目的とすると解されています。
 (2)　この請求権者は、「所有権」を取得した者であり、地上権又は永小作権を取得した者は除外されています。
　　　また、主たる債務者、保証人、その承継人（債務引受人、相続人等）も請求権者ではないので（民380）、これらの者が第三取得者となったとしても消滅請求はできないと解されます。これらの者は、元来、弁済すべき債務を負っているからと考えられます。
　　　譲渡担保権者も請求権者に含まれないと解されます。譲渡担保権について、所有権的構成をとれば、譲渡担保権者も「所有権」者と解することも可能と考えられます。
　　　しかし、譲渡担保権は、債権担保を目的とするので、譲渡担保権を行使して、確定的に所有者とならない限り、抵当権の消滅請求はできないとするのが判例です（滌除の場合につき、最判平7・11・10判時1553・75）。

2(1)　第三取得者は、抵当権の実行としての競売による差押の効力が発生する前に（民382）、代価等の負担額を記載した書面を登記した債権者に通知することになります（民383）。

　　抵当権者が、この額を承諾すれば、弁済すれば足り、これを承諾しないときは供託することとなります。

　　つまり、この消滅請求を受けた抵当権者が2か月以内に競売の申立てをしないと（民384一）、第三取得者の弁済、供託によって、抵当権は消滅することとなります。

(2)　この通知は、「登記した各債権者」（民383）に対してなされます。例えば、1番抵当権、2番抵当権が存するときは、1番抵当権者にのみ消滅請求をすることは、できないと解されます。

3(1)　抵当権の消滅請求による抵当権の登記の抹消は、現在の所有権登記名義人が登記権利者、抵当権者が登記義務者として、共同申請（不登60）によることとなります。

　　抵当権者が協力しないときは、抹消登記手続の勝訴判決を得た上で、登記権利者の単独申請（不登63①）によることとなります。

(2)　登記原因は、「令和〇年〇月〇日抵当権消滅請求」となると考えられます（登研678号251頁）。

　　その日付は、「弁済」又は「供託」の日となります。

　　また、上述の第三取得者の通知書面は、必ずしも、登記申請の添付情報とはならないと考えられるものの、通知の旨は、登記義務者である抵当権者の作成した報告的登記原因証明情報の内容となるものと考えられます。

60 共有持分権を取得した者の抵当権消滅請求

　判例は、共有持分権を取得した第三者は抵当権の消滅請求はできないと解しています。

1(1)　例えば、ＡＢが共有する一個の不動産の全体に甲が抵当権を有している場合（ＡＢの全員が抵当権設定者）、第三者ＣがＡの持分を取得してもＣには、滌除権（平15法134による改正前の民378以下）は認められないと解するのが判例です（最判平9・6・5判時1624・86）。
 (2)　滌除の制度は、現行の抵当権消滅請求の制度（民379）に改正され、平成16年4月1日に施行されていますが、滌除の解釈は、現行制度下においても維持されると解されているので（遠藤浩＝鎌田薫編『基本法コンメンタール　物権　新条文対照補訂版』274頁（日本評論社、第5版、2005））、Ｃには、抵当権消滅請求が認められないと考えられます。

2(1)　上記判例の理由は、Ｃに抵当権消滅請求を認めると「抵当権者が一個の不動産の全体について一体として把握している交換価値が分断され、分断された交換価値を合算しても一体として把握された交換価値に及ばず、抵当権者を害するのが通常」だからとしています。
 (2)　共有持分権は、基本的に所有権と異ならないと考えると、Ｃに抵当権消滅請求権を認めることも可能と考えられますが、この判例は、抵当権者甲が把握している「交換価値」を重視していると考えられます。例えば、Ａに従って移転するＣの持分割合が極め

て少なくても抵当権の消滅請求が認められるとすれば甲の保護に欠ける結果となると考えられます。

3(1) この抵当権者の「交換価値の把握」を重視するとすれば、さらにDがBの持分の全部を取得すると、CDの全員が甲の抵当権の消滅請求をすることができると考えられます。
　　　単に第三取得者がCDになったにすぎず、甲の立場に変わりはないからです。
 (2) 同様に、Aの持分のみを目的として乙が抵当権を設定している場合に、Aの持分権を取得したCが抵当権の消滅請求をすることもできると考えられます。

61 抵当証券が発行されている抵当権の登記の抹消

抹消の登記原因によって、その理解が異なります。

1(1) 講学上、有価証券とは、財産的価値を有する私権を表章する証券であって、権利の行使、移転に証券の占有を要するとするものと定義されるのが一般です。したがって、抵当証券も手形等と同様、有価証券の一種と解されます。
(2) 有価証券である抵当証券は、抵当権とその被担保債権を一体化させ、債権を表章する点で債権証書であり、物権としての抵当権を表章する点で物権証書と解されます。

それは、登記の手続とは別に、手形等と同様、裏書譲渡ができるので、転々と流通させることができ、抵当証券の所持人は、債務者に対し抵当権の被担保債権の支払を請求できるし、この支払がないときは、競売を申し立てることができます。

2(1) 抵当証券が発行されている抵当権の登記の抹消も、登記上の抵当権の登記名義人と所有権の登記名義人の共同申請（不登60）によるのが原則です。
(2) この場合、抵当証券の所持人又は裏書人は、自己の権利を登記した者ではないものの、抵当権の登記が抹消されると、その基礎を失うこととなり（有因証券性）、実質的には、損害を受けることとなるので、「登記上の利害関係を有する第三者」（不登68）(**10**)に含まれると規定されたものと考えられます。

3(1) この抹消の申請には、抵当証券が添付情報とされています（不登令別表26チ）。
(2) 紛失等により、抵当証券の提供ができないときは、除権決定（ 63 ）を得て抵当証券交付の付記登記（不登規3八・173）を抹消し、次に抵当権の登記の抹消をすることとなります（平12・1・5民三16）。したがって、直接に、抵当権の登記を抹消することはできないと考えられます。

それは、次のように記録されます。

1	抵当権設定	平成○年○月○日第○号	（略） 特約　抵当証券を発行することができる （略） 抵当権者　А
付記1号	1番抵当権変更	平成○年○月○日第○号	原因　平成○年○月○日債権分割 分割後の債権　金○万円　○口
付記2号	1番抵当権につき平成○年○月○日第○号抵当証券交付	余　白	平成○年○月○日付記
2	1番付記2号抵当証券交付付記抹消	平成○年○月○日第○号	余　白
3	1番抵当権抹消	平成○年○月○日第○号	原因　平成○年○月○日弁済

（記録例458・461・466）

(3) また、判決による抹消のときも、抵当証券の提供を要すると解されます（平12・1・5民三16）。提供を要しない添付情報に該当しないからと考えられます。

4(1) 被担保債権の全部が弁済された場合には、「債権全部」の消滅として、抵当証券も効力を失うこととなるので、抵当権の登記の抹消とともに、抵当証券の廃棄、還納の手続がとられることとなります（抵証則56）。
(2) この場合、裏書人は、上述の利害関係人とはならないと解されます。被担保債権の全部が消滅すれば、裏書人の償還義務（抵証31）も消滅するからと考えられます。

5(1) 解除を抵当権の登記の抹消の原因とする場合、抵当権のみを解除したものと解され、抵当権と債権の分離処分の禁止（抵証14②）に反することとなります。抵当証券についてのみの効力を認めることは許されないからです（平10・7・27民三1391）。
　　したがって、この場合でも、前提として上述の抵当証券交付の付記登記を抹消することとなります（登情454号36頁）。
(2) ただし、共同抵当の関係にある不動産の一部の抵当権の登記を抹消する場合、例外として「担保の十分性を証する情報」の提供（抵証則21ノ2）があれば、解除を原因とする抹消も認められます（平元・10・16民三4200）。
　　これを認めても、債権の全部の弁済が担保されるからと考えられます。
　　この場合、抵当権の登記が抹消されても、債権全部の消滅ではないので、抵当証券の効力は失われないと考えられ、抵当証券の記載を変更し、所持人に還付することとなります（抵証19、抵証則52）。

62 代理権不消滅の規定の適用による抵当権等の登記の抹消

抹消登記の申請情報の作成に留意すべき点があります。

1(1) 代理権不消滅の規定（不登17）の適用は、抵当権の登記の抹消の場合に限られないものの、登記実務上は、この場合に適用される例が多いと思われます。
 (2) 抵当権者である株式会社甲は被担保債権全額の弁済を受け抵当権が消滅したので、同社の代表取締役Aが抵当権抹消の登記申請委任状を発行したところ、代理人である受任者がその抹消登記の申請をする間に代表取締役AがBに更迭された例が散見されます。

2(1) まず、抵当権抹消の登記申請について登記義務者甲は法人であるので、その申請情報の内容として代表者の氏名を要するとされるところ（不登令3二）、上記の例では、現代表者Bがこれに該当すると考えられます。
　代理権不消滅の規定は、委任者の代表権が消滅しても、受任者の登記申請代理権は消滅しないと解されています。
 (2) 一方で、法人が申請人である場合には、代表者の資格を証する情報が必要とされています（不登令7①一）。
　そうすると、現在の代表者であるBについての資格を証する情報とともに、Aについても「資格があった」ことを証する情報が必要となります。

第2章 第3 抵当権に関する登記の抹消

3(1) この点について、当該法人が会社法人等番号を有するときはその番号を提供しなければならず（不登令7①一イ）、申請情報に代表権が消滅した旨を明らかにしなければなりません。

　　会社法人等番号によって、当該代表者の資格を確認することができないときは、これを確認することができる登記事項証明書の提供が必要です（平27・10・23民二512　2(5)ア）。

(2) 同通達により、法人の代表者の資格を証する情報の取扱いに関する従前の通達（平5・7・30民三5320　第2・1）は、廃止されました（平27・10・23民二512　2(5)イ）。

4(1) 甲会社が登記義務者であり、印鑑証明書を必要とする登記の抹消の場合でも、印鑑証明書の有効期限につき、作成後3か月以内とする制限（不登令16①③）は適用されます。

(2) そうすると、結局、代理権不消滅の規定の適用があっても、この制限により、印鑑証明書を必要とする場合の抵当権の抹消の申請は少ないと思われます。

63 登記義務者の所在不明の場合の除権決定による抵当権の登記の抹消

　抹消登記の原因日付は、除権決定のなされた日付ではなく、実際に弁済等がなされた日付です。

1(1)　登記義務者の所在が不明の場合、登記権利者は、共同申請（不登60）の例外として、単独で登記の抹消を申請することができるとされています（不登70①②）。
　(2)　この規定による登記の抹消は、抵当権等の担保権に関する登記に限られず、所有権に関する登記の抹消の場合でもよいと解されます（不登実務820頁）。
　　　しかし、実際の登記実務上は、担保権、特に抵当権の登記についての申請が多いと思われますので、抵当権の登記を前提として検討することとします。
　(3)　登記義務者の所在不明の場合には、登記義務者に対して、抹消請求訴訟をし、公示送達手続を経て（民訴110以下）、勝訴判決を得た上で単独申請（不登63）により抹消申請をする方法がありますが、この方法は、登記権利者に負担であり、本手続の方法が簡便であると考えられています（東京地決昭50・4・9判タ478・255）。

2(1)　公示催告は簡易裁判所に申し立てられ（非訟100）、公示催告期間中に権利の届出又は権利を争う旨の申出がないときは、公示催告に係る権利につき、失効の効力を生ずる裁判（決定）がなされます（非訟106）。これが「除権決定」とされます。
　(2)　除権決定は、登記義務者の所在不明を前提要件とするものであり、所在不明の判断は、住民登録や法人登記簿（昭63・7・1民三3456）

等に基づいてなされるものと考えられます（鎌田薫＝寺田逸郎編『新基本法コンメンタール　不動産登記法』213頁〔河合芳光〕（日本評論社、2010））。
(3)　もっとも、公示催告の申立ての中で、登記義務者の所在不明、権利が消滅していることが記載されているので（非訟43、非訟規37）、裁判所の除権決定がなされた以上登記実務上、登記官はこれらの点につき判断する必要は少ないと考えられます。

3(1)　添付情報は、「除権決定があったことを証する情報」が必要とされます（不登令別表26ロ）。除権決定の謄本がこれに該当すると考えられます。
(2)　登記原因日付は、弁済、解除等実際上権利が消滅し登記義務が発生した事由及び日付と解されます。
　　例えば、弁済による抵当権の消滅の場合には「令和○年○月○日弁済」とすることとなります。「令和○年○月○日除権決定」ではありません。除権決定は、これによって新たな法律関係を形成するものではなく抵当権の消滅事由である弁済という事実を明らかにするものとして、弁済の原因日付をもって、抹消登記の原因日付となると考えられます。
(3)　この抹消申請は、登記権利者が単独で申請するので、当然のこととして登記義務者の登記識別情報の提供は不要となります。
(4)　登記権利者は、所有権の登記名義人であり、除権決定における申立人と同一性がなければならず、必要があれば、住民票等が添付される場合があると考えられます。
　　登記義務者は抵当権者であり登記上の表示と符合していなければなりません。

64 登記義務者の所在不明の場合の弁済証書の提供による抵当権の登記の抹消

　弁済証書と登記義務者の所在が不明であることを証する情報の提供が必要とされます。

1(1)　登記義務者の所在不明の場合の登記の抹消について、除権決定による場合（ 63 ）のほか、被担保債権が消滅したことを証する情報の提供があるときは、登記権利者の単独申請ができると規定されています（不登70③本文前段）。

(2)　不動産登記法70条3項によれば、先取特権、質権、抵当権の登記の抹消についての規定とされますが、登記実務上は抵当権の登記の抹消の場合が多いと思われます。また、弁済によって被担保債権が消滅したことを要する（不登令別表26ハ(1)）とされているので、元本確定後の根質権、根抵当権の登記についても適用があると解されます。

2(1)　法文上、「第一項に規定する場合において」とされているので、登記義務者の所在が不明な場合に本条が適用され、これを証する情報（不登令別表26ハ(2)）が必要となります。
　　これにより、単独申請によるとする必要性が明らかになると考えられます。

(2)　これを証する情報の具体的な例示については、通達（昭63・7・1民三3456、昭63・7・1民三3499）が発出されています。
　　登記実務上、上記の例示のうち登記義務者が自然人の場合には、被担保債権の受領催告書が不到達であったことを証する情報が、

登記義務者が法人である場合は、登記権利者の印鑑証明付きの、当該法人を管轄する登記所で調査した結果、その所在を確認することができない旨を記載した書面の例が多いと思われます。

3(1) 債権証書の提供も必要とされています。一般に、抵当権を設定する場合には、その被担保債権に関しても契約証書が作成されることとなります。

　したがって、債務者が全部の弁済をしたときは、これらの証書の返還を請求することができるので（民487）、債権証書の提供を要件として、単独申請の真正を担保するものと考えられます。

　例外的に、これらの証書の作成がないときは、この要件を欠くこととなり、結局、本制度による抹消の申請はできないこととなります。

(2) また、「完全な弁済があったことを証する情報」の提供も要件とされています。

　弁済と同時履行の関係にある受取証書（民486）がこれに該当すると考えられます。

(3) このように考えると、債権者の所在が明らかでないと、債権証書の返還請求もできず、受取証書の交付請求もできないので、本制度により抵当権の登記を抹消できる場合とは弁済のときには抵当権者の所在は明らかであったものの、その抵当権の登記の抹消の申請のときには、抵当権者の所在が不明な場合に限られることとなると考えられます。

65 登記義務者の所在不明の場合の供託による抵当権の登記の抹消

　被担保債権の弁済期から20年を経過し、被担保債権等の全額が供託されることが必要です。いわゆる休眠担保権の抹消の場合です。

1(1)　登記実務上、登記されてから長期間を経過している担保権、特に抵当権の登記が残存してる例が散見されます。
　　　これらの登記は、事実上、抹消の登記の登記義務者の確知等が困難であり、その登記の残存は、不動産取引の阻害要因と考えられています。
 (2)　そこで、いわゆる休眠担保権の登記については、被担保債権の弁済期から20年を経過し、被担保債権等の全額の供託があったときは、登記権利者が単独で担保権の登記の抹消を申請することができるとされています（不登70③後段）。
 (3)　この場合でも、登記義務者の所在不明が要件とされ裁判所による公示催告の手続がなされていないので、それを証する情報の提供が前提となります（不登令別表26二(3)）。

2(1)　休眠担保権の登記の抹消の制度により抹消できる登記は、先取特権、質権、抵当権の登記となりますが、抵当権の登記の抹消の例が多いと思われます。
 (2)　元本が確定した根質権、根抵当権も弁済供託（民494）によって消滅するので、これらの登記も対象となると解されます。
　　　しかし、譲渡担保権の登記、仮登記担保契約に関する法律による仮登記は含まれないと解されます。債権額が登記されていない

第2章　第3　抵当権に関する登記の抹消

ので、被担保債権額等の全額が供託されたか否か判断ができないからと解されます。担保権の実質を有する買戻特約の登記についても同様です（鎌田薫＝寺田逸郎編『新基本法コンメンタール　不動産登記法』216頁〔河合芳光〕（日本評論社、2010））。

3(1)　休眠担保権の登記の抹消の制度には、被担保債権の弁済期を証する情報の提供が必要です（不登令別表26二(1)）。

　現在では、抵当権の登記には弁済期は記録されません（不登88。抵当証券の場合を除きます。）。したがって、金銭消費貸借契約書等が弁済期を証する情報となります（昭63・7・1民三3456第3　5本文）。

(2)　反対に、1964年（昭和39年）の不動産登記法改正前までは、弁済期の定めのあるときは、弁済期も登記事項とされていました。したがって、登記（閉鎖を含みます。）記録から、弁済期が判断できるので、この場合には、弁済期を証する情報は省略することができるとされています（昭63・7・1民三3456第3　5ただし書）。

　一方、この時期の抵当権の登記に弁済期がないときは、期限の定めのない債務（民412③）として、債権成立の時から履行期にあると考えて、弁済期は債権の成立の日と判断することとなります。

4(1)　供託を証する情報（不登令別表26二(2)）の提供も必要です。登記手続上は、弁済があったものと法が擬制したものと考えられます。

(2)　この供託を証する情報とは、供託書正本等がこれに該当します（昭63・7・1民三3456第3　3）。

　そこでは、登記された債権、利息、損害金の全額が供託された旨を証するものであることを要するとされます。根抵当権、根質権では、極度額が被担保債権額とされ、その他、利息、損害金が登記されていなくても法律上計算できる場合（例えば民419①・404

には、それによって計算した額となります。

　これらの金額の一部の供託は、供託を証する情報とはなりません。

5　抹消の登記原因日付については、供託の効力が生じた日をもって、「弁済」とするとされています（昭63・7・1民三3456第3　6）。前述のように、法が弁済を擬制している点から理解できるところです。

第4　根抵当権に関する登記の抹消

66 「解除（合意解除）」「弁済」「放棄」「混同」による根抵当権の登記の抹消

　根抵当権の性質が、被担保債権との付従性が切断されている点から理解する必要があります。

1　「解除（合意解除）」による抹消
 (1)　根抵当権は、元本の確定前は被担保債権との付従性が切断をされているので、被担保債権の解除は考慮する必要はなく、物権契約としての根抵当権設定契約の解除を問題にすれば足りると考えられます。
 (2)　法定解除、約定解除、合意解除により、根抵当権が消滅するのは、普通抵当権の場合と同様です（ 48 ）。
 (3)　一部の金融機関では、「解約」を原因とする例が散見されます。
　　根抵当権は、継続的取引契約を前提とし、そこから発生する債権を担保する担保物権である（民398の2①②）ことを考えると、遡及的に契約関係がなかったこととなる「解除」よりも（民545①本文）、将来において取引を止める告知の性格を有すると解される「解約」の方が根抵当権の抹消原因に、より当てはまると考えられます。

2　「弁済」による抹消
 (1)　元本が確定すると、根抵当権は、被担保債権との付従性を取り戻すこととなるので、この確定債権の弁済があると、普通抵当権

と同様（ **48** ）、根抵当権も消滅することとなります。

したがって「弁済」による根抵当権の登記の抹消（記録例506）は、当該根抵当権の元本が確定していることを前提として理解することとなります。

(2) この場合、抹消の登記の前提として、元本の確定の登記を要するとする見解があり（登研488号147頁）、登記実務もこれに従っているものと思われます。

一方、「弁済」による場合は、上述のように当該根抵当権の元本が確定していることを前提としていると考えられるときは、前提としての元本の確定の登記を要せず、「確定債権の弁済」を原因とする抹消も許されるとする見解（登研382号81頁）も存するところです。元本の確定の登記の性質は、対抗要件ではなく、単に元本が確定している事実を公示するにすぎないと解されているので（抵当登記297頁）、後者の見解も理由のあるところと考えられます。

3 「放棄」による抹消

(1) 元本が確定していない根抵当権の場合は、被担保債権との付従性が切断されているので、被担保債権の放棄によっては根抵当権は消滅しないと考えられ、「放棄」とは、物権としての根抵当権自体の放棄を意味すると考えることとなります（登研482号179頁）。

それは、次のように記録されます。

1	根抵当権設定	平成〇年〇月〇日第〇号	（略）根抵当権者　A
2	1番根抵当権抹消	平成〇年〇月〇日第〇号	原因　平成〇年〇月〇日根抵当権放棄

(記録例507)

(2) 元本が確定している根抵当権の場合は、被担保債権との付従性があるので、根抵当権自体の放棄のほか、被担保債権の放棄によっても根抵当権は消滅すると考えられます。

　この場合、いずれにしても単に「放棄」を原因とするとされ（登研411号83頁）、登記実務もあまり意識せず申請を処理していると思われます。ここでも、前述2(2)と同様の、元本の確定の要否の問題がありますが、被担保債権の放棄のときは、「債権放棄」とする見解（登先220号49頁）が、原因をより明確に公示することとなるので、理由があると考えられます。

4 「混同」による抹消
(1) 一般に申請される「混同」による根抵当権の抹消は、根抵当権自体の物権の混同と考えられます。
(2) しかし、元本の確定した根抵当権では、普通抵当権と同様に、被担保債権との付従性を取り戻しているので、被担保債権の混同による根抵当権の消滅も考えられるところです（ 50 ）。

　そうすると、ここでも元本の確定の登記の要否と、その原因の表記方法が問題となると考えられます。

67　根抵当権の登記の抹消と利益相反行為

抹消の原因により、結論が異なります。

1(1)　取締役と会社との「利益相反行為」については、株主総会又は取締役会の承認を要します（会社356・365）。
 (2)　それは、根抵当権の設定の場合だけでなく、根抵当権の登記の抹消の場合にも、抹消の原因によっては、「利益相反行為」に該当することがあると考えられます。
　　　このときも、一般の「利益相反行為」と同様、会社の利益の保護の観点から検討すべきと考えられます。

2　「解除（合意解除）」を原因とする抹消
 (1)　代表取締役が同一である会社間で根抵当権が設定され、これを「解除（合意解除）」を原因として抹消する場合には、「利益相反行為」に該当し、根抵当権者である会社の株主総会等の承諾を要すると解されます（登研539号154頁。抵当権仮登記の場合）。
 (2)　この場合には、「解除（合意解除）」の法的性質から（ 4 ）、新たな利益相反行為がなされると理解することができます。

3　「根抵当権放棄」を原因とする抹消
 (1)　代表取締役が同一である会社間で設定されている根抵当権を、「根抵当権放棄」（ 66 ）を原因として抹消する場合にも「利益相反行為」に該当すると解されます（登研534号129頁。地上権の場合）。
 (2)　「放棄」は、単独行為と解されるので、取締役と会社との「取引」ではなく、株主総会等の承認を要しないとも考えられますが、

根抵当権を失うこととなるので、根抵当権者である会社の株主総会等の承認を要すると考えられます。

4 「錯誤」を原因とする抹消
(1) 代表取締役が同一である会社間で設定されている根抵当権を、「錯誤」を原因として抹消する場合は、「利益相反行為」に該当しないと解されます（登研349号85頁。所有権移転の場合）。
(2) 「錯誤」の法的性質から（ 3 ）、そもそも根抵当権設定行為自体が、存しないこととなると考えられ、したがってその登記の抹消も新たな行為とは考えられないからです。

5 「弁済」を原因とする抹消
(1) 代表取締役が同一である会社間で設定されている元本確定後の根抵当権を、「弁済」を原因として抹消する（ 66 ）ことは、「利益相反行為」に該当しないと解されます（大判大9・2・20民録26・184）。
(2) 「弁済」行為自体は、既に決まっている債務の履行であり（民108ただし書）、新たな行為ではないからと考えられます。

6(1) 代表取締役が同一である場合以外についても、抹消される根抵当権者である会社の利益の保護の観点から次のようになると考えられます。
(2) 　　　　　根抵当権者（X会社）　　　　根抵当権設定者（Y会社）
①

代表取締役　A	代表取締役　B
取締役　　　B	取締役　　　D
取締役　　　C	取締役　　　E

X会社の承認を要する。Y会社の承認不要。

②

代表取締役　A	代表取締役　D
取締役　　　B	取締役　　　A
取締役　　　C	取締役　　　B

　　X、Y会社の承認は不要。

③

代表取締役　A	個人　A
取締役　　　B	
取締役　　　C	

　　X会社の承認を要する。

④

個人　A	代表取締役　A
	取締役　　　B
	取締役　　　C

　　Y会社の承認は不要。

68 元本が確定したとして、第三者の権利の登記がある場合の元本の確定の登記の抹消

　元本の確定の登記も抹消の対象となりますが、前提として第三者の権利の登記を抹消する必要があります。

1(1)　元本の確定の登記は、対抗要件としての意味はなく、元本が確定しているという事実を公示する登記と解されます。
 (2)　しかし、代位弁済や債権譲渡による根抵当権の移転の登記は、元本の確定後にしか許されません（抵当登記297頁）。
　　　このように、根抵当権は、元本の確定の前後によって、その性質が大きく異なることとなり、登記手続上も、元本の確定後でなければならない権利の登記は、原則として、元本の確定の登記を前提としなければならないとされています（昭46・12・27民三960）。
 (3)　このとき、元本が確定していないにもかかわらず、元本の確定の登記がなされると、それは、事実と符合しない無効な登記となり、これを信頼して権利関係に入る第三者に不測の損害を与えることとなるおそれがあるので、抹消すべき登記となると考えられます。

2

1	根抵当権設定	平成○年○月○日第○号	（略）根抵当権者　A
<u>付記1号</u>	<u>1番根抵当権元本確定</u>	<u>平成○年○月○日第○号</u>	原因　<u>平成○年○月○日確定</u>

付記2号	1番根抵当権移転	平成○年○月○日第○号	原因　平成○年○月○日代位弁済 根抵当権者　B
2	1付記2号根抵当権移転抹消	平成○年○月○日第○号	原因　錯誤
3	1付記1号根抵当権元本確定抹消	平成○年○月○日第○号	原因　錯誤

(記録例497・389)

(1)　上記記録例のように、Bは、Aの根抵当権の元本が確定したとして、代位弁済により根抵当権の移転の登記を経由した場合、元本の確定が誤りで無効となるとすると、Aの根抵当権は元本が確定していないので、Bの根抵当権の移転の登記は許されず、いずれの登記も錯誤を原因として抹消すべき登記となると解されます。

(2)　この場合、抹消の利害関係人として代位弁済者Bの承諾を得て、元本の確定の登記を移転の登記と共に抹消すべしとする見解（不登68）も考えられるところです。

　しかし、Bの移転の登記は、付記登記による（不登4②）とされてはいても、Aの登記の内容となるものではないと考えられるので、上記記録例のように、「無効」な登記の順に独立して抹消するのが相当と考えられます。

69 元本の確定後、一部代位弁済による根抵当権の一部移転の登記がされている場合の代位債権者の債権の消滅

根抵当権の一部移転の登記を抹消することで足ります。

1(1) 「債権の一部について代位弁済があったときは、代位者は、債権者の同意を得て、その弁済をした価額に応じて、債権者とともにその権利を行使することができる。」(民502①)とされています。
(2) この結果、保証人等が、元本の確定した根抵当権の被担保債権の一部を弁済すると(民499・500)、根抵当権の一部が移転し、当初の根抵当権者と（準）共有の状態となると解されます。

2(1) この場合、代位弁済した者の債権が弁済等により消滅したときは、次のように記録されます。

1	根抵当権設定	平成〇年〇月〇日 第〇号	（略） 極度額　金2,000万円 （略） 根抵当権者　A
付記1号	1番根抵当権元本確定	平成〇年〇月〇日 第〇号	原因　平成〇年〇月〇日確定
付記2号	1番根抵当権一部移転	平成〇年〇月〇日 第〇号	原因　平成〇年〇月〇日一部代位弁済 弁済額　金1,000万円 根抵当権者　B

| 2 | 1番付記2号根抵当権一部移転抹消 | 平成○年○月○日第○号 | 原因　平成○年○月○日弁済 |

(記録例497・390)

(2) Bの根抵当権の持分が消滅しているので、1番付記2号の根抵当権一部移転の登記を抹消し、当初のA単有の状態に戻ったことを公示することになります。

　　この場合、普通抵当権の場合と同様に考えて（ 54 ）、根抵当権の変更によるとする見解もあります（登研410号83頁）。

　　しかし、根抵当権にあっては、元本が確定しても、極度額という優先弁済権の枠は変わらないので、Aの単有状態に戻ったことを公示すれば足りると考えられるので、根抵当権一部移転の登記を抹消するのが登記実務です。

3(1) 一部移転の登記の抹消の登記義務者がBとなるのは、異論のないところと考えられます。

(2) 根抵当権設定者（所有者）が登記権利者となるとも考えられるところ、原根抵当権者Aも登記権利者となることができると解されます（昭36・4・22民甲954）。

　　AからBへの根抵当権の一部移転のときは、Aが登記義務者、Bが登記権利者なので、その抹消のときは、逆に考えて、Aが登記権利者となると理解でき、登記実務上も、この例による方が多いと思われます。

70 元本の確定後、一部代位弁済による根抵当権の一部移転の登記がされている場合の原根抵当権者の債権の消滅

原根抵当権の変更の登記をすることになります。

1(1) 元本の確定した根抵当権に一部代位弁済があると、当該根抵当権は、原根抵当権者と代位債権者との（準）共有となるのは前述（ 69 ）のとおりです。

(2) この場合、原根抵当権の被担保債権が弁済等により消滅したときは、次のように記録されます。

1	根抵当権設定	平成○年○月○日第○号	（略） 極度額　金2,000万円 （略） 根抵当権者　A
付記1号	1番根抵当権元本確定	平成○年○月○日第○号	原因　平成○年○月○日確定
付記2号	1番根抵当権一部移転	平成○年○月○日第○号	原因　平成○年○月○日一部代位弁済 弁済額　金1,000万円 根抵当権者　B
付記3号	1番根抵当権の根抵当権者をBとする変更	平成○年○月○日第○号	原因　平成○年○月○日Aの債権弁済

（昭38・12・27民甲3346）

2(1)　この場合、Aの被担保債権が消滅したとして、付記2号の登記のみを残し、Aの主登記を抹消することは、主登記のない付記登記が残存することとなり、登記手続上許されないのは明らかです。
 (2)　ところで、一般に、共有権には弾力性があると解されています。
　　そうすると、AB共有の根抵当権について、Aの被担保債権が消滅すれば、Aの持分はBに移転するので、根抵当権の変更の登記ではなく根抵当権の移転の登記によるとする見解も存するところです（登先329号40頁）。
 (3)　しかし、先例は、根抵当権の変更の登記によるとし、Aに下線をすると解しています（昭38・12・27民甲3346、登研592号185頁）。
　　Bが当該根抵当権を単独で有する状態となるのは、Aが債務者から弁済を受けた反射的な結果であって、AB間での法律行為の結果ではありません。したがって、AからBへの根抵当権の移転の方法は相当でないと考えられます。
　　よって、Bの単有となった状態を公示するには、根抵当権の変更の登記によるのが相当と理解できると考えます。
　　また、登録免許税の点も考慮すべきです。
　　確かに、優先弁済権の枠である極度額は変更しないとしても、一部代位弁済者Bが金2,000万円まで利用することは、実際上、多くないと考えられるのに、移転分の登録免許税（1,000分の2）（登税別表1―(七)）を課すのは相当でなく、変更の登記による（1個につき1,000円（登税別表1―(十四)））べきものと考えられます。
 (4)　この根抵当権の変更の登記の登記義務者は、Aとするのに異論はないと考えられます。
　　登記権利者は根抵当権設定者（所有者）となります。根抵当権の変更が、登記の目的なので、Bも登記権利者とも考えられるところです。

しかし、この変更によって、Bが登記形式上、直接に利益を受ける者（不登2十二）とは必ずしも考えられないので、根抵当権設定者を登記権利者とするのが妥当と考えられます。

71 一部代位弁済により（準）共有となっている根抵当権の原債権と代位債権の同時消滅

登記原因日付が同一であれば、共有根抵当権者全員を登記義務者として、当該根抵当権の抹消をすることとなります。

1(1) 根抵当権の元本が確定した後、被担保債権の一部代位弁済があると、随伴性により当該根抵当権は、（準）共有となります（抵当登記92頁）。

被担保債権の一部譲渡があったときも、同様に（準）共有となると解されます。

この根抵当権について、同時に弁済、解除等があると、一部移転の登記の抹消（ 69 ）や、根抵当権の変更の登記（ 70 ）を要せず、直接当該根抵当権の登記を抹消できると解されます。

(2) それは、次のように記録されます。

1	根抵当権設定	平成○年○月○日第○号	（略）根抵当権者　A
付記1号	1番根抵当権元本確定	平成○年○月○日第○号	原因　平成○年○月○日確定
付記2号	1番根抵当権一部移転	平成○年○月○日第○号	原因　平成○年○月○日一部代位弁済 弁済額　金○円 根抵当権者　B
2	1番根抵当権抹消	平成○年○月○日第○号	原因　平成○年○月○日弁済

（記録例497・390）

2(1)　上記記録例において、ＡＢは、当該根抵当権の（準）共有者となりますが、それは、当初からＡＢを根抵当権者として設定した場合と同様の状態と考えられます。
 (2)　そうすると、登記原因とは「登記の原因となる事実又は法律行為」とされるところ（不登5②）、当該根抵当権の登記の抹消の登記原因としての弁済等の当事者はＡＢであり、ＡＢに対して弁済等が同時になされる場合には、登記原因日付は同一と考えられます。
 (3)　よって、登記義務者をＡＢとして、直接に当該根抵当権の抹消の申請ができると考えられます。
　　　提供すべき登記識別情報（不登22）は、Ａが当該根抵当権の設定登記を受けたとき通知されたものと、Ｂが一部移転の登記を受けたときのものと考えられます。

72 根抵当権の全部譲渡の登記の抹消と設定者（所有者）の承諾

　設定者（所有者）の承諾が必要ですが、抹消の登記原因により、その根拠が異なると考えられます。

1(1)　元本の確定前においては、根抵当権者Aは、根抵当権設定者Cの承諾を得て、その根抵当権をBに全部譲渡することができます（民398の12）。

　　つまり、根抵当権の全部譲渡契約の当事者はABであり、Cの承諾は、その効力要件と解されます（遠藤浩＝鎌田薫編『基本法コンメンタール　物権　新条文対照補訂版』327頁（日本評論社、第5版、2005））。

　　このことは、設定者Cにとって、根抵当権者が誰であるかは重大な利害があり、Cの意思を無視して、根抵当権の全部譲渡、つまり、根抵当権者の入替えはできないことを意味していると解されます。

(2)　このように、根抵当権の全部譲渡がABの契約によってなされ、Cの承諾が効力要件であるとすれば、この全部譲渡の登記も「錯誤」「（合意）解除」によって、抹消することができることとなります。

　　それは、次のように記録されます。

1	根抵当権設定	平成○年○月○日第○号	（略）根抵当権者　A
付記1号	1番根抵当権移転	平成○年○月○日第○号	原因　平成○年○月○日譲渡根抵当権者　B

第2章　第4　根抵当権に関する登記の抹消

| 2 | 1番付記1号根抵当権移転抹消 | 平成○年○月○日第○号 | 原因　錯誤（平成○年○月○日解除） |

(記録例498)

　(3)　上記記録例において、この根抵当権の抹消の登記をする場合、根抵当権設定者Ｃの承諾を要するかが問題となりますが、抹消の登記原因によって、その根拠が異なることとなると考えられます。

2(1)　ＡＢの「(合意)解除」による抹消の場合、登記形式上は、抹消の登記によることとなりますが、「(合意)解除」の性質を前述（**4**）のように解するときは、実質上は、ＢからＡへの巻戻し的な再度の根抵当権の全部譲渡（民545①）と異ならないと考えられます。
　(2)　したがって、民法398条の12によりＣの承諾がなければ「(合意)解除」の効力は生じないこととなり、「第三者の許可、同意又は承諾」（不登令7①五ハ）として、Ｃの承諾を証する情報が必要となると解されます（登先319号27頁）。

3(1)　「錯誤」の性質を前述（**3**）のように解するときは、もともとＡＢの根抵当権の全部譲渡行為は取消しにより無効となるのでＡＢ間には、新たな契約は存せず、上述の「(合意)解除」と同一に考えることはできないこととなります。
　(2)　しかし、ＡからＢへの根抵当権の全部譲渡に承諾を与えたＣの不知の間に、再びＡが登記上根抵当権者に戻ることは、誰が根抵当権者か把握できずＣに重大な影響を与えるものと考えられます。

(3)　したがって、登記の抹消によって、権利上の損害を受け、又はそのおそれがある者として（ 10 ）、Ｃは、不動産登記法68条に規定する、ＡＢ間の根抵当権移転登記の抹消をするのに、「登記上の利害関係を有する第三者」に該当すると考えられます。

　　よって、「錯誤」の場合にも、Ｃの承諾を証する情報が必要となると考えます（登研369号82頁）。

4　以上のことは、根抵当権の分割譲渡（民398の12②）、一部譲渡（民398の13）によってなされた移転の登記を抹消する場合も同様と考えられます。

　根抵当権設定者の利益保護の必要性は全部譲渡の場合と異ならないと考えられるからです。

73 根抵当権の登記の「抵当権消滅請求」による抹消

　元本の確定の前後を問わず、根抵当権についても、民法379条による消滅請求ができると解されます。

1(1)　民法379条の「抵当権消滅請求」の制度の概要、趣旨は、前述（ 59 ）のとおりです。
 (2)　この制度が根抵当権についても適用されるかが問題とされ、特に元本の確定前の根抵当権について、検討すべき点があると考えられます。

2(1)　元本の確定前は、根抵当権の被担保債権が確定していない状態なので、それは、根抵当権取引が継続中であり、被担保債権額が流動的であることを意味すると考えると、元本の確定前の根抵当権は、民法379条の「抵当権消滅請求」の対象とならないとも考えられます。この点、元本の確定後の根抵当権は、普通抵当権と同様の性質を有するので、「抵当権消滅請求」の対象となると考えられます。
 (2)　しかし、元本の確定前の根抵当権も「抵当権消滅請求」にいう「抵当権」に含まれると解されます（登研578号46頁）。
　　根抵当権も、抵当権であること（民398の2）、抵当権消滅請求の制度は、第三取得者の権利保護を目的とすると解されているところ、このことは、根抵当権の場合も異ならないことを理由とすると考えられます。
　　したがって、根抵当権も、元本の確定の前後を問わず、民法379

条によって、消滅請求の対象となると解されます。

3(1)　そうすると、この抵当権消滅請求による根抵当権の登記の抹消の前提として、元本の確定の登記は不要とすることとなります(登研578号46頁)。
　(2)　抹消の登記原因は、「平成○年○月○日消滅請求」となります(記録例508)。

第5　買戻特約に関する登記の抹消

74　買戻特約の登記の抹消方法

　買戻権が消滅した場合の買戻特約の登記の申請は、共同申請によるのが原則です。

1(1)　買戻特約は「売買契約と同時」になされます（民579本文）。この特約の法的性格は、「解除権」ではあっても、一種の物権取得権と解され、売買した権利を取り戻すことができる権利と解されています。
(2)　この権利は、売主と買主との契約により成立する独立した権利であり、原始的に無効な場合や、後発的に解除等により消滅する場合があります。このとき、買戻特約の登記も実体に符合しない登記として抹消されるべき登記となりますが、買戻特約登記の登記名義人と買戻特約の目的となっている権利（多くの場合所有権）の登記名義人の共同申請となり、一般の権利の登記の抹消と異なる点はありません。ただし、次の点に留意すべきです。

2(1)　例えば、買戻特約の付記登記がなされている所有権の移転の登記を抹消する場合の買戻特約の登記の抹消の方法が問題となります。
(2)　それは、次の場合に生じます。

| 2 | 所有権移転 | 平成〇年〇月〇日第〇号 | 原因　平成〇年〇月〇日売買 所有者　A |

3	所有権移転	平成○年○月○日 第100号	原因　平成○年○月○日売買 所有者　B
付記 1号	買戻特約	平成○年○月○日 第100号	（略） 買戻権者　A

（記録例509）

　　上記記録例において、ＡＢ間の売買が無効、解除等された場合、3番の主登記は抹消されることとなりますが、3番付記1号の買戻特約の登記の抹消は、申請によるか、職権によるかが検討されなければならないと考えられます。

(3)　B名義の登記が錯誤、解除等を原因として抹消されると、2番のA名義の登記が復帰するので、3番付記1号のA名義の買戻特約の登記は、無意味となり、所有権移転登記の抹消と同時に登記官の「職権」で抹消するとも考えられます。

(4)　しかし、買戻特約の登記は、所有権の抹消と同時又はこれに先立って、「申請」によって抹消すべきとするのが先例です（昭41・8・24民甲2446、登研228号31頁）。

　　買戻特約の登記は、上記記録例のように付記登記でなされるので（不登規3九）、3番の主登記が抹消されれば、3番付記1号の登記を残置したままにすることは、不動産登記手続上認められません。

　　また、「買戻しによる権利の取得の登記」をした場合ではないので、職権による抹消の対象ともならない（不登規174）と考えられます。

　　したがって、「申請」によって抹消することとなると考えられます。

3(1)　このようにして、Ａは、買戻特約の登記の抹消の登記義務者と

なりますが、Aの住所等が登記記録と一致しない場合があります。
(2) 前述（ 44 ）のように、「所有権以外」の権利の登記の抹消の場合、変更等を証する書面を添付すれば、登記義務者の住所等の変更の登記を省略できるとするのが先例です（昭31・10・17民甲2370）。

　買戻特約は、付記登記によるとはされているものの、独立した所有権とは別の権利であるとすれば、上記先例の趣旨に合致するので、住所等の変更の登記は、省略できると解されます（登研460号105頁）。

75 買戻権者が買戻権行使により所有者となった場合の買戻特約等の登記の抹消

買戻特約の登記と担保権等の登記とでは、その抹消方法が異なります。

1(1) 不動産の売主は、売買契約と同時にした買戻しの特約により、買主が支払った代金（別段の合意をした場合にあっては、その合意により定めた金額）及び契約の費用を返還して、売買の解除をすることができ（民579本文）、この特約を登記したときは、対抗力が付与されています（民581①）。
(2) この買戻特約は、所有権の移転の登記と同一番号をもって、付記登記として登記されます（不登規3九、昭35・3・31民甲712）。

2(1) 買戻権は、解除権の一種ではあるものの登記された買戻権は、対抗力を有するのでその本質は、「物権取得権」と解されています（ 74 ）。
(2) したがって、買戻権の行使は、新たな所有権の移転の登記の方法によるのであり、従前の所有権の移転の登記の抹消の方法によるのではないとされています（大元・9・30民事444）。
(3) そうすると、買戻権が行使されると、所有権は売主に復帰し、買戻特約の登記を残置しておくのは無意味となり、公示上不適切となるので、買戻特約の登記は、登記官の職権で抹消することとされています（不登規174）。
(4) それは、次のように記録されますが、所有権の移転の登記原因が「平成〇年〇月〇日買戻」とされていることから、買戻権の行

使による所有権の移転であることが分かります。

2	所有権移転	平成○年○月○日 第○号	（略） 所有者　A
3	所有権移転	平成○年○月○日 第100号	原因　平成○年○月○日売買 所有者　B
付記 1号	買戻特約	平成○年○月○日 第100号	原因　平成○年○月○日特約 （略） 買戻権者　A
4	所有権移転	平成○年○月○日 第○号	原因　平成○年○月○日買戻 所有者　A
5	3番付記1号 買戻権抹消	余　白	4番所有権移転登記により平成○年○月○日登記

（記録例515）

3(1)　買戻特約の登記後に、担保権、用益権が設定された場合、買戻特約の登記に対抗力があるので、買戻権が行使されると、これらの権利も実体上は消滅することとなると考えられます。

(2)　しかし、これらの登記の抹消は、一般原則により、Aが登記権利者、担保権者、用益権者が登記義務者として申請によることとなり、職権によるのではないと解されます（浦野雄幸『判例不動産登記法ノート（第2巻）』218頁（テイハン、1989））。

不動産登記規則174条は、買戻特約登記の抹消についての規定であり、買戻権の行使は所有権の移転の方法によるので、不動産登記規則152条2項の規定の適用はないからと考えられます（なお、賃借権につき民581②）。

76 買戻期間満了による買戻特約の登記の抹消

　期間計算と登記原因証明情報の要否が検討されなければなりません。

1(1)　買戻しの期間は最長で10年であり、買戻しの期間を定めたときは、これを伸長できないとされています（民580①②）。
　　これを受けて、買戻しの期間の定めがあるときは、それは登記事項とされています（不登96）。
(2)　それは、次のように記録されます。

2	所有権移転	平成○年○月○日 第100号	原因　平成○年○月○日売買 所有者　A
付記 1号	買戻特約	平成○年○月○日 第100号	原因　平成○年○月○日特約 　　　（略） 期間　平成25年5月1日から5年間 買戻権者　B

（記録例509）

(3)　この場合、買戻権は、その期間経過によって消滅するので、登記原因は「期間満了」であって、その日付は、買戻期間の最終日の翌日と解されます。
　　つまり、1日は、午前0時から始まり午後12時に終わると解されます（民140ただし書）。そうすると買戻特約日が平成25年5月1日なので、翌日の同年5月2日が起算日であり（民140本文）、平成30年5月1日の午後12時の経過によって期間が満了となり（民143）、同年5月

第2章　第5　買戻特約に関する登記の抹消

2日午前0時にその効力が生じると解されます。
(4)　よって、次のように記録されます。

| 3 | 2番付記1号 買戻権抹消 | 平成○年○月○日 第○号 | 原因　平成30年5月2日買戻期間満了 |

(記録例516)

2(1)　このように、登記記録から判断して、期間の経過が明らかとなるので、その抹消の申請に登記原因証明情報（不登61）の提供は不要とし、現に、不要として抹消登記を実行している登記所もあるところです。

　しかし、原則どおり、抹消の登記原因証明情報の提供を要すると考えます。以下、その理由を検討します。

(2)　まず、不動産登記法61条は、例外的に登記原因証明情報の提供を要しない場合として「法令に別段の定めがある場合」と規定しています。

　この「法令に別段の定め」との規定は、不動産登記令7条3項を指すと解されますが、そこには買戻特約登記の抹消についての規定はありません。

(3)　次に、登記記録上、直ちに時の経過によって、買戻権が消滅したと直ちに判断することはできない場合もあると考えます。

　買戻特約も契約なので、解除等によって消滅することがあるのは異論のないところと解されます（ **74** ）。そうすると、買戻期間中であっても解除等によって、買戻特約の登記を抹消することも可能と考えられます。期間満了を抹消の登記原因とすることは、買戻期間中に解除等がなかったことを前提とすると考えられます
（登研770号146頁）。

(4) したがって、買戻特約の登記の抹消についても登記原因証明情報の提供は必要であり、その内容は、抹消の登記義務者である買戻権者が「期間満了によって買戻権が消滅した」等の、解除等の原因による消滅でないことの記載が求められると考えられます。

(5) なお、期間満了を原因として、買戻権者が登記義務者として抹消の登記を申請していることをもって、登記原因証明情報の省略を認めることはできないと考えられます。登記原因証明情報に基づいて申請情報が作成されるのであって、申請情報によって、登記原因証明情報の内容を補充することは妥当でないと考えるからです（不登実務44ノ24ノ2頁）。

第6 信託に関する登記の抹消

77 信託財産の処分による信託の登記の抹消

　信託財産が、信託の目的に従って売却された場合、所有権の移転の登記と共に信託の登記も抹消されます。

1(1)　受託者によって、信託財産が信託の目的に従い売却処分されると、買主は所有権を取得するとともに、目的不動産は信託財産ではなくなります。
(2)　それは、次のように記録されます。

2	所有権移転	平成○年○月○日第○号	（略）所有者　A
3	所有権移転	平成○年○月○日第○号	原因　平成○年○月○日信託受託者　B
	信託	余　白	信託目録第○号
4	所有権移転	平成○年○月○日第○号	原因　平成○年○月○日売買所有者　C
	3番信託登記抹消	余　白	原因　信託財産の処分

（記録例562）

2(1)　受託者Bが、信託財産である不動産を信託の目的に従って、例えばCに売却すると、Cは所有権を取得し、この不動産は、信託財産ではなくなります。

(2) このB、C間の売買による所有権の移転の登記手続は、通常の売買による所有権の移転の場合と同様です。

このように、信託財産に属さなくなると信託の登記は抹消されることとなりますが、この信託の登記の抹消は所有権の移転の登記と「同時」に申請することを要するとされています（不登104①）。

(3) ここで「同時」に申請するとは、同一の申請情報によることを意味します（不登令5③）。

申請情報の登記の目的は、「所有権移転及び信託登記抹消」となります。

また、所有権の移転の登記と信託登記の抹消が「同時」に申請されるので、信託登記の抹消の登記には、受付年月日、番号は記載されず、信託財産の処分にも日付は記録されていません。所有権の移転の登記事項により判断できるからと考えられます。

この信託の登記の抹消は、共同申請の例外（不登60）として、受託者の単独申請ができることとされています（不登104②）。

78 信託終了による所有権の移転の登記と信託の登記の抹消

　信託の終了によって、信託財産に属していた不動産の権利が移転する場合には、この権利の移転登記と同時に信託登記の抹消もなされます。

1(1)　信託財産が帰属権利者に引き継がれるとこれを第三者に対抗するために（信託14）、所有権の移転の登記と信託の登記の抹消がなされます。
 (2)　それは、次のように記録されます。

2	所有権移転	平成〇年〇月〇日 第〇号	（略） 所有者　A
3	所有権移転	平成〇年〇月〇日 第〇号	原因　平成〇年〇月〇日信託 受託者　B
	信託	余　白	信託目録第〇号
4	所有権移転	平成〇年〇月〇日 第〇号	原因　平成〇年〇月〇日信託財産引継 所有者　C
	3番信託登記抹消	余　白	原因　信託財産引継

（記録例520・563）

2(1)　不動産の所有権が信託を原因として移転している場合、信託が終了すると、原則として清算手続をしなければならないとされ受

託者は、清算受託者としてこの手続を行うこととなります（信託175・177）。
(2) 清算受託者がこの手続を終了すると、残余財産は、原則として、信託行為によって定められた「残余財産受益者」又は「帰属権利者」に帰属することとなります（信託182）。

この手続によって、信託財産が「残余財産受益者」「帰属権利者」に引き継がれると、信託財産ではなくなります。信託が終了しているので当然とも考えられます。

このことを第三者に対抗するためには、上記のような登記が記録されることとなります。
(3) 信託は、委託者及び受益者の合意で、いつでも終了できるとされていますが、終了の事由は信託行為に定められている例が多く（信託164）、登記原因証明情報（不登61）にも、その旨の記載を要すると考えられます。
(4) この信託の終了による所有権の移転の登記と信託の登記の抹消は、同一の申請によることを要します（ 77 ）。

そうすると、登記の申請情報上の登記の目的が「所有権移転及び信託登記抹消」となるのも同様となります。

79 信託財産を受託者の固有財産とした場合の信託の登記の抹消

　この場合には、権利の変更がなされ、信託の登記も併せて抹消されます。

1(1)　信託財産が受託者の固有財産に「委付」によって帰属すると、信託は終了し、信託の登記も抹消されることとなります。
　(2)　それは、次のように記録されます。

2	所有権移転	平成○年○月○日第○号	（略）所有者　A
3	所有権移転	平成○年○月○日第○号	原因　平成○年○月○日信託 受託者　B
	信託	余　白	信託目録第○号
4	受託者の固有財産となった旨の登記	平成○年○月○日第○号	原因　平成○年○月○日委付
	3番信託登記抹消	余　白	原因　委付

（記録例520・564）

2(1)　不動産が信託された場合、その不動産は受託者に帰属することとなり、受託者は、自己の利益のためではなく、信託の目的に従って管理、処分等をすることとなります。

(2)　これは、信託財産と呼ばれ（信託2③）、受託者の固有財産とは別の財産です。

　固有財産とは、受託者に属する財産であって、信託財産に属する財産でない一切の財産と定義されています（信託2⑧）。

3(1)　この信託財産は、例えば受益者の承諾がある場合には固有財産とすることができます（信託31①一・②二）。

　この結果、受託者と受益者が同一人となるので信託関係を認める必要はないこととなると考えられます。

(2)　そうすると、信託の登記は抹消されなければならない登記となりますが、この登記の抹消は「受託者の固有財産となった旨」の「権利の変更」の登記と同一の申請によることとなります（不登104・104の2②）。

　受託者に帰属している財産を受託者固有の財産にするので、権利の「移転」はないからです。

(3)　この登記の登記原因は、上記の権利の変更の登記については「平成○年○月○日委付」、信託登記の抹消については「委付」とされています。抹消の登記に原因日付がないのは、変更の登記の原因日付と同一であるからと考えられます。

第7　抹消に関する仮登記

80　抹消の仮登記の可否

　抹消の仮登記は、その実益を審査することなく認めるのが、登記実務と考えられます。

1(1)　抹消の登記も、不動産登記法105条1号に規定する「登記」に含まれると解されますが、その仮登記の可否については、実益の有無の観点から議論の存するところと思われます。
(2)　仮登記をする実益とは、結局のところ「順位保全」(不登106)を認める必要性があるか否かに帰着すると考えられます。
　　この点につき判例は、この必要性があるのは、抹消の登記原因の無効をもって善意の第三者に対抗できない場合（例えば民94②）や、解除等のように登記しなければ第三者に対抗できないときに限られ、登記原因の無効をもって、第三者に対抗できるときは、仮登記によって、順位保全をする必要はないから、仮登記は許されないとしているものがあります（東京高決昭44・10・1判タ244・254）。

2(1)　仮登記の不動産登記法上の効力と必要性を上述のように考えるにしても、登記官には形式的審査権しかありません。よって、抹消の登記原因である無効をもって、第三者に対抗できるか否かを審査するのは困難と考えられます。
(2)　また、仮登記には、取引の安全の観点から、実質的に第三者に対しての警告的な意義があることも否定できないと解されます。例えば、抹消の仮登記を経由した後の第三者の「悪意」を推定さ

せる実益がないとはいえない（東京高決昭33・9・3判タ86・50）と解されます。

(3) よって、抹消の仮登記の申請の場合には、その無効をもって、第三者に対抗できるか否かを審査することなく、これを認めるのが相当と考えられます。

3(1) 抹消の仮登記をする場合、その対象となっている登記に登記上の利害関係人が存するとき、その者の承諾等を要するかの問題があります。

(2) この点について、抹消の仮登記に基づいた抹消の本登記の申請の際に、利害関係人の承諾等を要すると解されているので（昭37・10・11民甲2810）、抹消の仮登記の申請の段階では、その承諾等は不要と考えられます。

　抹消の仮登記をしたとしても、それは、順位保全の効力しかない予備登記であって、利害関係人には何らの不利益を与えるものではなく不動産登記法68条の適用はないからと考えられます。

4(1) このようにして、抹消の仮登記は認められ、次のように記録されます。

2	所有権移転	平成○年○月○日第○号	（略） 所有者　A
3	所有権移転	平成○年○月○日第○号	原因　平成○年○月○日売買 所有者　B
4	3番所有権抹消仮登記	平成○年○月○日第○号	原因　錯誤
	余　白	余　白	余　白

（記録例578）

(2)　上記記録例によれば、抹消の仮登記の原因を「錯誤」としていますが「解除(合意解除)」を原因とすることも考えられます。仮登記をする実益があるからです。

　また、「合意解除予約」を原因として、「所有権移転登記抹消請求権仮登記」も認められます(登研427号99頁)。

81 所有権の登記の抹消の仮登記に基づく抹消の本登記

　抹消の本登記の申請は共同申請によりなされ、当該仮登記後に所有権の移転の登記を受けた第三者は、登記上の利害関係人となります。

1(1)　抹消の仮登記に基づく本登記は、仮登記ではなく、本登記によると解されます。
　　よって、仮登記義務者の承諾があるときの、登記権利者の単独申請（不登107①）は認められません。
(2)

2	所有権移転	平成○年○月○日 第○号	（略） 所有者　A
<u>3</u>	<u>所有権移転</u>	<u>平成○年○月○日</u> <u>第○号</u>	<u>（略）</u> <u>所有者　B</u>
4	3番所有権 抹消仮登記	平成○年○月○日 第○号	原因　錯誤
	3番所有権 抹消	平成○年○月○日 第○号	原因　錯誤

(記録例578)

　上記記録例において、4番の抹消仮登記に基づく抹消の本登記をする場合、Aが登記権利者であり、Bが登記義務者として、共同申請（不登60）によることになるのに疑問はないと考えられます。

2(1)　問題は、4番の抹消仮登記がなされた後、CがBから所有権の移転の登記を得た場合の登記義務者をどのように考えるかにあります。
(2)　Cの登記は、3番のB名義の登記を前提としていると考えられます。

　そうすると、4番の所有権抹消仮登記の本登記がなされ、3番のB名義の登記が抹消されると、Cの登記は、その基礎を欠くこととなると考えられます。

　したがって、所有権の抹消の仮登記も「所有権に関する仮登記」（不登109①）に含まれると解されるので、その抹消の本登記によって、Cは権利が害されることが明らかな第三者（鎌田薫＝寺田逸郎編『新基本法コンメンタール　不動産登記法』312頁〔寺島健〕（日本評論社、2010））として、抹消の仮登記の本登記の登記上の利害関係人となると解されます。
(3)　このようにして、抹消の仮登記の本登記の登記義務者は上記1(2)と同様Bであり、Cは申請人ではなく、利害関係人としてCの承諾があるときは、C名義の登記は、登記官の職権により抹消されることとなります（不登109②、不登規152）。

　それは、次のように記録されます。

2	所有権移転	平成○年○月○日第○号	（略）所有者　A
3	所有権移転	平成○年○月○日第○号	（略）所有者　B
4	3番所有権抹消仮登記	平成○年○月○日第○号	原因　錯誤

	3番所有権抹消	平成○年○月○日第○号	原因　錯誤
<u>5</u>	<u>所有権移転</u>	<u>平成○年○月○日第○号</u>	<u>（略）</u> 所有者　<u>C</u>
6	5番所有権抹消	余　白	4番仮登記の本登記により平成○年○月○日登記

（記録例613）

82 所有権以外の権利の登記の抹消の仮登記に基づく抹消の本登記

　所有権以外の権利（抵当権等）の抹消の仮登記に基づく抹消の本登記は、原則として、所有権の登記名義人が登記権利者、抵当権等の登記名義人が登記義務者となりますが、抹消の仮登記後に当該権利が第三者に移転されたときは、当該第三者も登記義務者となると解されます。

1(1)　抹消の仮登記に基づく抹消の本登記は、次のように記録されます。

所有権登記名義人　　A

<u>1</u>	抵当権設定	平成○年○月○日 第○号	（事項省略） 抵当権者　<u>B</u>
2	1番抵当権抹消仮登記	（事項省略）	（事項省略）
	1番抵当権抹消	平成○年○月○日 第○号	原因　平成○年○月○日弁済

（記録例610）

　　　　　　　　　　※抹消の登記原因は他に放棄、解除等がある。
　(2)　上記記録例において、2番の抵当権抹消仮登記に基づく抹消の本登記は、Aが登記権利者、Bが登記義務者として、共同申請によってなされるのが原則です（不登60）。

2(1)　問題は、2番の抹消の仮登記がなされた後、1番の抵当権に移転

の登記がなされている場合の、抹消の本登記の登記義務者をどのように考えるかです。

例えば、抵当権放棄（それは、第三者との対抗問題となります。）により抵当権抹消仮登記をした後、債権譲渡によりＣに対して抵当権の移転の付記登記（不登規3五）がなされている場合、この抹消の本登記の登記義務者はＢかＣかの問題です。

それは、次のように記録されます。

所有権登記名義人　Ａ

1	抵当権設定	平成○年○月○日 第○号	（略） 抵当権者　Ｂ
付記1号	1番抵当権移転	平成○年○月○日 第○号	原因　平成○年○月○日債権譲渡 抵当権者　Ｃ
2	1番抵当権抹消仮登記	平成○年○月○日 第○号	原因　平成○年○月○日放棄
	余　白	余　白	余　白

（記録例383・610）

(2)　ＢはＣに抵当権を移転し、現在の抵当権の登記名義人ではないので、抹消によって「登記上、直接に不利益を受ける」（不登二十三）者ではなく、抹消の本登記の登記義務者とはならないとも解されます。

　　しかし、仮登記の対抗力の問題とも関係するとも考えられるものの、抹消の仮登記の本登記がなされない段階では、Ａが抵当権の消滅を主張できるのはＢに対してのみとも考えられ、登記義務者はＢとなると解する余地もあります。

(3)　一方、抵当権の消滅が、抹消の登記をしなくても第三者Ｃに対

抗できる場合（ 80 ）には、Aは、Cにその消滅を主張することができ、したがって、Cが抹消の登記義務者となるとも解されます。
(4) 以上のように、理論上、種々の見解があり得るものの、B、Cのいずれも登記義務者とするのが判例（最判昭37・5・25民集16・5・1184）であり、先例（昭37・10・11民甲2810）も同旨です。

抵当権の消滅が第三者に対抗できるか否かは、形式的審査権しか有しない登記官には判断が困難と考えられます。

したがって、結論として判例、先例のように考えるのが実際に適していると考えられます。

なお、上記先例によれば、Bを抹消の登記義務者とするときは、Cは抹消についての利害関係人となり、その承諾（不登68）を要することとされています。

第8 仮登記に関する登記の抹消

83 仮登記の登記名義人の単独申請による仮登記の抹消

　添付情報として、登記識別情報が必要であり、申請情報には、登記権利者として仮登記義務者の表示を要するとされています。

1			
2	所有権移転	平成○年○月○日 第○号	（略） 所有者　A
3	所有権移転 （請求権） 仮登記	平成○年○月○日 第○号	（略） 権利者　B
	余　白	余　白	余　白

（記録例566・567）

(1)　上記記録例において順位3番の仮登記の抹消は、AとBの共同申請（不登60）、判決によるAの単独申請（不登63①）によってなされるのが通常ですが、その他、仮登記名義人であるBの単独申請によってもできるとされています（不登110前段）。

(2)　仮登記は、それ自体に対抗力はなく、本登記の順位保全のための予備登記（不登106）と解されます（ **80** ）。この仮登記の利益は、仮登記名義人Bのためにあるので、Bがこれを放棄することも自由と解されます。

　したがって、共同申請等によらない、簡便なBの単独申請によ

る仮登記の抹消が認められたものと解されます。

2(1) 仮登記の抹消自体は、登記形式上、本登記であり仮登記ではありません（記録例614）。

　よって、単独の申請人ではあっても、原則どおり、Bが仮登記をしたときの登記識別情報（不登22）の提供が必要となります（不登令8①九）。

　またBは、実質的には抹消についての登記義務者と考えられるので、Bの登記識別情報の提供を求め、申請の真正を担保する必要性は、共同申請の場合と異ならないと考えられます。

(2)　反対に、実質的に抹消について登記権利者であるAの承諾は要しないと解されます（昭42・12・27民三1405）。

　単独申請ではあっても、抹消の結果として利益を受けるのはAだからと考えられます。

3(1)　しかし、申請情報の内容として、登記権利者であるAの表示を要すると解されます（不登令3一・十一イ、昭40・7・17民甲1890）。

　それは、次のように申請されます。

登記申請書

登記の目的　　　3番仮登記抹消
原　　因　　　　令和〇年〇月〇日解除
権　利　者　　　A
申　請　人
（仮登記名義人）　B

（略）

(2) このようにBのほか、Aの表示を要するとして、これらの表示と登記記録の審査をして、過誤登記を防止するためと考えられます。

84 所有権の移転の仮登記後、第三者に所有権の移転の登記がある場合の当該仮登記の抹消

　現在の所有権の登記名義人が登記権利者、仮登記名義人が登記義務者として共同申請となるのが原則ですが、所有権の第三取得者も申請することができるとされています。

1(1)　例えば、Aが所有権の登記名義人であり、Bが所有権の移転の仮登記（所有権の移転請求権仮登記を含みます。）をなした後、CがAから所有権の移転の登記を受けた場合、Bの当該仮登記を抹消をする場合の申請人は誰かの問題があります。
　(2)

2	所有権移転	平成○年○月○日 第○号	（略） 所有者　A
3	所有権移転 仮登記	平成○年○月○日 第○号	（略） 権利者　B
	余　白	余　白	余　白
4	所有権移転	平成○年○月○日 第○号	（略） 所有者　C

（記録例566）

　上記記録例において、Aが登記権利者、Bが登記義務者となるほか、Cも登記権利者として申請人となることができると解されています（登研184号70頁）。
　以下、その理由を検討することとします。

2(1)　まず、Aも抹消の登記の登記権利者となると考えられます。
　　　Aは現在の所有権の登記名義人ではありません。しかし、Bの所有権の移転の仮登記を本登記とする場合を考えると、Aは登記義務者であり、Cは利害関係人となって、Cの登記は抹消されることとなります（不登109）。
　　　そうすると、この仮登記の抹消の場合は、上記と反対に考えると、Aは、抹消の登記権利者となると考えられます。
　　　また、Aは、Cに対して、Bの仮登記の付着していない完全な所有権を取得させる義務があるので、その義務を履行するため、Bの仮登記の抹消を登記権利者として請求できるとも考えられるからです。
(2)　一方、仮登記の抹消請求権を物権的（ 8 ）に考えれば、Bの仮登記に抹消原因が存すれば、Cは直接的に抹消の登記権利者となるとも考えられます。Cは、Bの仮登記が抹消されれば、自己に優先する登記がなくなり、登記上、直接に利益を受ける者（不登2十二）となると理解できるからです。

3(1)　登記上の利害関係人は、仮登記名義人の承諾があるときは、単独で仮登記の抹消を申請することができるとされています（不登110後段）。
(2)　この登記上の利害関係人とは、当該仮登記に基づく本登記がされると、自己の権利が否定される者と解され（鎌田薫＝寺田逸郎編『新基本法コンメンタール　不動産登記法』313頁〔寺島健〕（日本評論社、2010））、前述2(1)のようにCは、これに該当する者となると考えられます。
(3)　法文からすれば、「登記権利者」と「登記上の利害関係人」とは別異の概念であり、登記申請の当事者とするか、第三者とするか区別して考えることとなると思われます。

しかし、以上のように考えると、Cは、Bの仮登記の抹消について、登記上の利害関係人でもあり、登記権利者でもあると考えることとなります。

85 仮登記に基づく本登記及び仮登記の抹消

　同一の申請によって、仮登記に基づく本登記及び仮登記の両方を抹消することができます。

1(1)　本登記及び仮登記の両方を抹消する旨を申請情報に明示すれば、同一の申請により両方の登記を抹消できるとするのが先例(昭36・5・8民甲1053)です。
 (2)　具体的には、「登記の目的」として「○番所有権（抵当権等）本登記及び仮登記抹消」と申請情報に明示されます。

2(1)　それは、次のように記録されます。

1	所有権保存	平成○年○月○日 第○号	所有者　A
2	所有権移転 仮登記	平成○年○月○日 第○号	（略） 権利者　B
	所有権移転	平成○年○月○日 第○号	（略） 所有者　B
3	2番所有権 本登記及び 仮登記抹消	平成○年○月○日 第○号	原因　平成○年○月○日解除

(記録例616)

 (2)　通常は、上記記録例のように、Bの本登記と仮登記は一体として抹消される例が多いと思われます。終局登記である本登記が、実体的権利関係と符合せず、抹消すべき登記となれば、その

第2章　第8　仮登記に関する登記の抹消

前提としての予備登記である仮登記もまた抹消すべき登記となる場合が多いと考えられるからです。

(3)　しかし、特にBにとって、後述（ 86 ）のように本登記は抹消するものの、仮登記の順位保全効（不登106）を残す必要がある場合も考えられます（記録例615）。

したがって、この点を明らかにするため抹消の登記原因証明情報（不登61）上に、本登記と仮登記の両方を抹消する旨の記載が必要であり、これにより、「登記の目的」が「本登記及び仮登記抹消」と記録されることとなります。

その登記原因証明情報の例として、以下の記載が考えられます。

登記の原因となる事実又は法律行為

①　令和○年○月○日、AとBは本件土地につき売買契約を締結し、令和○年○月○日受付第○号をもって所有権移転仮登記をした上、この仮登記に基づいて令和○年○月○日受付第○号により所有権移転の本登記を経由した。

②　AとBは、令和○年○月○日①の契約を解除したので、仮登記、本登記の抹消の申請をする。

3(1)　この抹消の登記の申請には、Bの本登記を受けたときの登記識別情報の提供（不登21・22）のほか、仮登記を受けたときの登記識別情報の提供をも要するかの疑問があるところです。

(2)　この点につき、本登記を受けたときの登記識別情報の提供で足りると解するのが一般と考えられます（登研391号109頁）。

抹消の対象となる登記は「本登記及び仮登記」として一体的であり、本登記と仮登記の関係を上記2(2)のように考えるときは、本登記を受けたときの登記識別情報の提供によって、この抹消の申請の真正は担保されていると考えることとなります。

86 仮登記に基づく本登記のみの抹消

　仮登記に基づく本登記をした場合に、その本登記の登記原因に無効等の抹消原因があるときは、本登記のみを抹消することができます。

1(1)　例えば、売買予約に基づき所有権移転請求権仮登記（不登105二）をし、この仮登記に基づいて売買による所有権の移転の本登記をしたところ、売買の効力が生じていない場合には、本登記のみの抹消が認められますが、登記実務上は、その例は少ないように思われます。

(2)　それは、次のように記録されます。

2	所有権移転	平成○年○月○日第○号	（略） 所有者　Ａ
3	所有権移転請求権仮登記	平成○年○月○日第○号	原因　平成○年○月○日売買予約 権利者　Ｂ
	<u>所有権移転</u>	<u>平成○年○月○日第○号</u>	<u>原因　平成○年○月○日売買</u> <u>所有者　Ｂ</u>
	余　白	余　白	余　白
4	3番所有権本登記抹消	平成○年○月○日第○号	原因　錯誤

（記録例615）

2(1)　上記記録例の事案は、ＡＢ間で売買契約の予約があり、所有権

移転請求権仮登記がなされた後、本契約が締結されたとして、当該仮登記に基づいて所有権移転の本登記がなされた場合、錯誤等の原因によりＡＢ間の売買契約の効力が生じていないときの、本登記のみの抹消の例です。
(2)　この場合、ＡＢ間の売買契約と、売買の予約とは、別の法律行為であると考えられ、売買契約の効力が生じないとして、Ｂの本登記が抹消すべき登記となっても、売買の予約自体は、なお効力を有している場合もあり、Ｂとしては仮登記を存続させる必要と利益があるときもあると考えられます。

3(1)　このようにして、本登記のみを抹消する場合、余　白が設けられます（不登規179）。再度の仮登記に基づく本登記がなされる場合があるからです。
(2)　なお、本登記のみの抹消なので、添付情報については、本登記を受けたときの登記識別情報の提供（不登22）で足り、仮登記を受けたときの登記識別情報の提供は不要です（登研391号109頁）。
(3)　抹消の登記原因証明情報（不登61）は、本登記のみの抹消である旨が明示されていなければならず、次の例が考えられます。

登記の原因となる事案又は法律行為
①　ＡとＢは、令和○年○月○日本件不動産につき売買の予約を締結し、所有権移転請求権仮登記をしていたところ（令和○年○月○日第○号登記済）、令和○年○月○日、この売買の予約に基づいて本契約が成立したとして所有権移転の本登記がなされた（令和○年○月○日登記済）。
②　しかし、①の本契約は目的不動産を誤って締結されたものであり、無効である。
　　よって、①の仮登記に基づく本登記のみを錯誤により抹消する。

87 所有権移転仮登記がなされた後、その仮登記所有権の移転の仮登記がされている場合の所有権移転仮登記の抹消

　仮登記所有権の移転の仮登記の抹消の後、所有権移転仮登記を抹消することとなります。

1(1)　仮登記した所有権の移転の仮登記は次のように記録されます。

2	所有権移転	平成○年○月○日第○号	原因　平成○年○月○日売買 所有者　A
3	所有権移転仮登記	平成○年○月○日第○号	原因　平成○年○月○日売買 権利者　B
	余　白	余　白	余　白
4	3番仮登記所有権移転の仮登記	平成○年○月○日第○号	原因　平成○年○月○日売買 権利者　C
	余　白	余　白	余　白

（記録例575）

(2)　ここで、CはBから所有権を「売買」によって取得しているのに、4番の登記が仮登記によってなされている理由の検討が、本例を考察するのに有用と考えられます。

　この点につき、Cの所有権の取得を本登記ですると、3番の本登記をする場合に困難な問題が生じると考えられます。CはBから所有権を取得しているのに、3番の余白部分にC名義の登記をすれば、CはAから所有権を取得したかのような登記が出現し、物

権変動の過程を公示しているとはいえないと考えられるからです。

2(1)　したがって、実体的には所有権はA→B、B→Cと移転し、Cは所有者であると解されるところ、Cの4番の登記は、仮登記によるしかなく、3番、4番の順で本登記をすることにより、Cは「所有者」と公示されることとなると解されます。

(2)　そうすると、3番の仮登記を抹消するには、まずBが登記権利者、Cが登記義務者として4番の仮登記を抹消し、その後、Aが登記権利者、Bが登記義務者として3番の仮登記を抹消することとなると解されます（登研427号104頁）。

(3)　Bが4番の仮登記の抹消に協力しないときは、AはBに代位して、4番の仮登記を抹消することとなると考えられますが（昭43・5・29民甲1830）、これは、4番の仮登記の抹消の方法であって、Aが直接に抹消の登記権利者となるものではないと考えられます。前述のように、実体的にはA→B、B→Cと所有権が2つの物権変動により移転しているのであり、4番のB→Cの仮登記の抹消につき、Aは登記権利者ではないからです。

88 所有権移転仮登記がなされた後、その仮登記所有権の移転請求権の仮登記がされている場合の所有権移転仮登記の抹消

　仮登記所有権の移転請求権仮登記の名義人は、利害関係人となります。

1(1)　所有権移転仮登記がなされた後、その仮登記された所有権の移転請求権仮登記は次のように記録されます。

2	所有権移転	平成○年○月○日第○号	（略）所有者　A
3	所有権移転仮登記	平成○年○月○日第○号	（略）原因　平成○年○月○日売買権利者　B
	余　白	余　白	余　白
4	3番仮登記所有権の移転請求権仮登記	平成○年○月○日第○号	原因　平成○年○月○日売買予約権利者　C
	余　白	余　白	余　白

(記録例575～577)

(2)　上記記録例において、Cの権利は主登記の仮登記によっています。

　　BはAから「売買」によって実体上の「所有権」を取得しています。所有権移転の「請求権」を取得したのではありません。「所有権」自体の移転なので、付記登記によるのではなく（不登規35）、

第2章　第8　仮登記に関する登記の抹消

主登記によることとなります。
　次にＣはＢとの「売買予約」によって、仮登記された「所有権」の移転「請求権」を取得するので仮登記による（不登105二）こととなります。Ｃは「所有権者」ではなく「請求権者」である点に注意が必要です。

2(1)　このように考えると、4番のＣの登記は3番のＢの登記を基礎としているものと考えられます。
　したがって、Ｂは所有者なので3番の仮登記の原因である売買に抹消原因があれば、その抹消の登記義務者となると考えられ、Ｃは3番の仮登記が抹消されると、その権利の登記の基礎を欠くこととなるので、抹消についての利害関係人（不登68）（ 17 ）に該当することとなり、Ｃは3番の仮登記の登記義務者ではないと考えることとなります。
(2)　もっとも、ＢＣ間にも「売買予約」という法律行為があるので、これに無効等の抹消の原因が存すれば、Ｂを登記権利者、Ｃを登記義務者として4番の仮登記を抹消し、その後、Ｂを登記義務者として3番の仮登記が抹消できるのは異論のないところと考えられます。

89 所有権移転請求権仮登記がなされた後、移転請求権が移転した場合の所有権移転請求権仮登記の抹消

請求権の譲受人は、当該仮登記の抹消の登記義務者となります。

1(1) 所有権移転請求権仮登記がなされた後、請求権が譲渡された場合は次のように記録されます。

2	所有権移転	平成○年○月○日 第○号	（略） 所有者　A
3	所有権移転請求権仮登記	平成○年○月○日 第○号	原因　平成○年○月○日売買予約 権利者　B
	余　白	余　白	余　白
付記1号	3番所有権移転請求権の移転	平成○年○月○日 第○号	原因　平成○年○月○日売買 権利者　C

(記録例576)

(2) 上記記録例において、Cの権利取得の登記が付記の本登記によってなされている理由が検討されなければならないと考えられます。

　BはAとの「売買予約」によって、Aに対する所有権移転の「請求権」を有することとなります。この「請求権」は「所有権以外の権利」に該当すると考えられるので、その移転は付記登記（不登規3五）によることとなります。

(3) 次に、CはBから「売買」によって、この「請求権」を取得しています。この「請求権」は実体的にCに移転しており、不動産登記法105条2号に該当しないので本登記によることとなります。

2(1) このように考えると、3番の仮登記された所有権移転の請求権者はCであり、Bは完全にこの法律関係から脱落することとなります。3番の仮登記を本登記とする場合には、AとCとの売買の本契約により、直接Cが登記権利者、Aが登記義務者となるのであり、Bは何ら関与することはないと考えられます。
(2) そうすると、3番の仮登記を抹消する場合も、上記と逆に考えて、抹消の登記原因はAC間で生じているので、Cが抹消の登記義務者となると考えられます。この登記がなされることにより、3番の主登記と付記登記は一括して効力がなくなることとなります。
(3) なお、BC間でも売買契約がなされているので、この契約に無効原因があれば、Bが登記権利者、Cが登記義務者として3番の付記登記を抹消し、その後、Bが登記義務者、Aが登記権利者として3番の仮登記の主登記を抹消することができるのは異論のないところと考えられます。

90 所有権移転請求権仮登記がなされた後、移転請求権に移転請求権が存する場合の所有権移転請求権仮登記の抹消

　移転請求権に対する移転請求権仮登記名義人は、所有権移転請求権仮登記の抹消の利害関係人となります。

1(1)　所有権移転請求権仮登記に対する、移転請求権の仮登記は次のように記録されます。

2	所有権移転	平成○年○月○日 第○号	（略） 所有者　A
3	所有権移転請求権仮登記	平成○年○月○日 第○号	原因　平成○年○月○日売買予約 権利者　B
	余　白	余　白	余　白
付記 1号	3番所有権移転請求権仮登記の移転請求権仮登記	平成○年○月○日 第○号	原因　平成○年○月○日売買予約 権利者　C
	余　白	余　白	余　白

(記録例576・577)

(2)　Cの権利は、前述（ 88 89 ）のように考えて付記登記の仮登記によってなされます。

　　したがって、BはAに対して所有権移転の請求権を有し、Cは、

このBの請求権を基礎として更にBに対して移転の請求権を有していると考えられます。

2(1)　よって、Cは、3番の仮登記の抹消の利害関係人となるのは前述（ 88 ）と同じです。Cの承諾書を添付すれば、Aが登記権利者、Bが登記義務者として、付記登記を含めて3番の仮登記を一括して抹消することができることとなります。

(2)　なお、Cを登記義務者、Bを登記権利者として、3番付記1号の仮登記を抹消し、次にBを登記義務者として、3番の主登記を抹消することもできます。

91 「混同」による所有権移転請求権仮登記の抹消

　予約完結権者が所有権を取得すると、予約完結権が混同により消滅し、仮登記も混同を原因として抹消することとなります。

1(1)　例えば、A所有の土地につきBが売買予約を原因とする所有権移転請求権仮登記を経由している場合、Bが当該土地の所有権を贈与によって取得したとき、この仮登記も「混同」によって抹消されることとなります。
 (2)　それは、次のように記録されます。

2	所有権移転	平成○年○月○日第○号	（略）所有者　A
3	所有権移転請求権仮登記	平成○年○月○日第○号	原因　平成○年○月○日売買予約 権利者　B
	余白抹消	余白抹消	余白抹消
4	所有権移転	平成○年○月○日第○号	原因　平成○年○月○日贈与 所有者　B
5	3番仮登記抹消	平成○年○月○日第○号	原因　平成○年○月○日混同

(記録例614・516)

2(1)　Bは、Aに対して売買予約により、予約完結権を有しているところ、贈与により同一目的物の所有権を取得しているので、この

予約完結権は消滅していると考えられますが、その法的構成が検討されなければなりません。
(2) 本例の場合、債権と解される予約完結権と物権と解される所有権が同一人Bに帰属していることとなります。

そうすると、債権の混同（民520）とも考えられますが、仮登記された予約完結権（不登105二）には物権的効力があると考えれば、物権の混同（民179類推）と解することとなります。

いずれにしても、権利の混同が生じているのに異論はないと考えられます（登研531号123頁）。
(3) ただし、混同の例外（民520ただし書・179ただし書）に留意すべきです。

登記実務上、当該仮登記に後れる登記、例えば、3番の仮登記後にAがCのために抵当権を設定し、その登記がなされている例が散見されるところです。

Bが所有権を取得し、混同が生じたとして3番の仮登記が抹消され、その効力を失うとすれば3番の仮登記のCの抵当権に対する優先権を失うこととなり妥当でなく、したがって、混同は生じていないと解すべきとされています。
(4) その他、登記原因証明情報の提供の要否、登記識別情報の提供の要否、申請の形態の問題については、前述（ 50 51 ）のとおりです。

92 仮登記した抵当権に移転の仮登記がある場合の仮登記した抵当権の抹消

実体的に、抵当権を有する者を検討する必要があります。

1(1) 仮登記した抵当権の移転の仮登記は、次のように記録されます。

1	抵当権設定仮登記	平成○年○月○日第○号	（略） 権利者　B
	余　白	余　白	余　白
付記1号	1番抵当権移転仮登記	平成○年○月○日第○号	原因　平成○年○月○日債権譲渡 権利者　C
	余　白	余　白	余　白

（記録例600）

(2) 上記記録例において、BはA所有の不動産上に抵当権を設定し、その仮登記を有しているところ、BからCに当該抵当権の被担保債権の債権譲渡がなされ、抵当権が移転しています。Cの権利は付記登記によってなされ（不登規3五）、また、仮登記（不登105一）によることとされています。

この点について、前述（ 87 ）のように付記の本登記によるとすると、抵当権設定仮登記の本登記の場合に、困難な問題を生じ、物権変動の過程を忠実に記録することとならないので付記の仮登記によると考えることとなります。

2(1)　このようにして、Cの権利は仮登記によってはいるものの、Bから債権譲渡によって被担保債権が移転しているので、Cが実体的に抵当権者となっていると考えられます。
 (2)　Bは、この法律関係から脱落し、1番の抵当権設定仮登記の抹消について、何ら考慮する必要はないこととなります。
　　よって、Cが直接の登記義務者として、Aと共に抹消を申請すると考えられます（登研604号151頁）。
 (3)　もっとも、Bを登記権利者、Cを登記義務者として、1番付記1号の仮登記を抹消し、その後、Bが登記義務者となり、Aと共に1番の仮登記を抹消することもできます。

93 抵当権設定請求権の仮登記に対し、移転の登記、移転の請求権仮登記がある場合の抵当権設定請求権の仮登記の抹消

抵当権設定請求権を有する者を検討する必要があります。

1(1) 抵当権設定請求権の仮登記に対し、移転の登記がある場合は次のように記録されます。

1	抵当権設定請求権仮登記	平成○年○月○日第○号	（略） 権利者　B
	余　白	余　白	余　白
付記1号	1番抵当権設定請求権移転	平成○年○月○日第○号	原因　平成○年○月○日債権譲渡 権利者　C

(記録例601)

(2) 抵当権設定請求権の仮登記に対し、移転請求権の仮登記がある場合は次のように記録されます。

1	抵当権設定請求権仮登記	平成○年○月○日第○号	（略） 権利者　D
	余　白	余　白	余　白
付記1号	1番抵当権設定請求権の移転請求権仮登記	平成○年○月○日第○号	原因　平成○年○月○日債権譲渡予約 権利者　E

| 余　白 | 余　白 | 余　白 |

（記録例602）

2(1)　上記記録例は、A所有の不動産に対し、B、Dが各々抵当権設定請求権の仮登記を有しているところ、Cはこの請求権を譲渡（債権譲渡）され、Eは請求権を譲渡予約（債権譲渡予約）されています。

(2)　前述（ 88 89 ）のように考えれば、Cは債権譲渡によって抵当権設定請求権者となり、Bは、この仮登記関係から脱落することとなります。

　　したがって、上記1(1)の場合には、Bは何ら関与することなく、ACによって、1番の登記を主登記と付記登記を一括して、抹消することができると考えられます。

(3)　一方、上記1(2)の場合には、Eは、債権譲渡の予約権者にすぎず、抵当権設定請求権者はDのままと考えられます。

　　そうすると、ADによって、1番の仮登記を抹消することとなり、EはDの権利を基礎とする者として、この抹消の利害関係人（不登68）に該当すると考えることとなります。

(4)　ここでも、BC、DEによって付記登記を抹消し、その後AB、ADによって主登記の抹消ができるのは当然です。

第9 抹消回復の登記

94 抹消回復登記の要件

　抹消回復登記が許される要件は、実体上又は手続法上を問わず、権利に関する登記が不法に抹消されたこと、抹消回復された登記が実体的権利関係と符合していること、登記上の利害関係人があるときは、その者の承諾があることが要件です。

1(1)　抹消された登記の回復は、例えば抵当権の設定の登記については次のように記録されます。

<u>1</u>	<u>抵当権設定</u>	<u>平成○年○月○日第○号</u>	<u>（略） 抵当権者　B</u>
1	抵当権設定	平成○年○月○日第○号	（略） 抵当権者　B 平成○年○月○日登記
2	1番抵当権抹消	（事項省略）	（事項省略）
3	1番抵当権回復	平成○年○月○日第○号	原因　錯誤

（記録例636）

(2)　上記は、A所有の不動産上にBが抵当権を設定していたところ、この抵当権の登記が不適法に抹消されたので、この回復の登記をする場合の記録例です。

2(1)　抹消された登記の回復については、登記上の利害関係を有する第三者がある場合には、当該第三者の承諾があるときに限り、申請することができると規定されていますが（不登72）、その許される要件は、直接には規定されていません。
(2)　この点につき、次の判例が検討される必要があると考えます。
　　すなわち、判例（最判昭36・6・16判時266・20）は、「〔略〕抵当権設定登記が抵当権者不知の間に不法に抹消された場合には、抵当権者は対抗力を喪失するものでないから、登記上利害の関係ある第三者に対しても回復登記手続につき承諾を与うべき旨を請求することができるものといわなければならない。〔略〕抹消登記が不法に行われたものである以上、その回復登記の有無にかかわらず第三者は抵当権登記の対抗力を否認することができない立場にあり〔略〕実体関係に符号させるための回復登記手続に対する承諾を拒み得ないものと解するを相当とする。」としています。
(3)　この判例によれば、抹消回復登記が許される要件としては、①抹消登記が不法によってなされるものであり、②抹消された登記が回復されることにより実体的な権利関係と符合していること、また、③登記手続上、第三者の承諾があること、となると考えられます。

3(1)　①の抹消登記が不法によってなされるとは、登記を抹消すべきでないのに抹消された場合であり、Bの不知の間に抹消が申請された場合や、ＡＢの錯誤による場合が考えられます（鎌田薫＝寺田逸郎編『新基本法コンメンタール　不動産登記法』219頁〔橘田博〕（日本評論社、2010））。したがって、抹消が有効な原因によってなされたときは、登記の回復は許されないのは当然です。
　　この場合、抹消登記自体が無効と考えられるので、「抹消登記」

を「抹消」するとも考えられますが、抹消された登記には依然として下線がなされたままとなるので、抹消回復の登記によって、上記記録例のように回復されることとなります。
(2) ②に関して、判例（東京高判昭30・6・29判時56・19）は、現在の権利関係に符合している現在の登記を、現在の権利関係に符合していない状態に戻す回復登記を求めることはできないとしています。登記は、現存の権利関係と符合する状態をそのまま公示する制度であるからと考えられます。
(3) ③の第三者の例としては、錯誤を原因として根抵当権の設定の登記が抹消されたとされる場合の、当該抹消当時から設定登記されている後順位根抵当権者が挙げられます（昭52・6・16民三2932）。抹消された登記が回復されると、遡及的に抹消されなかったこととなるので、後順位根抵当権者の承諾を要するとして、後順位根抵当権者の利益を保護したものと考えられます。

95 同順位担保権の一方の抹消回復の場合の他方担保権者の承諾

　他方担保権者は、この抹消回復の利害関係人に該当しないので、その承諾を要しないとするのが先例です。

1(1)　例えば、AとBが同一不動産上に同順位で抵当権を設定している場合、Aの抵当権の登記が不法に抹消されたとして、この登記の抹消回復をするとき、Bは、利害関係人（不登72）(94)に該当し、Bの承諾を要するかが問題とされます。
 (2)　先例は、抹消された根抵当権と同順位の根抵当権者は、抹消された根抵当権の登記の回復につき利害関係人に該当しないとしていますが（昭39・8・10民甲2737）、反対の見解も有力です。
　　　この問題は、利害関係人について、その判断の基準時をどう考えるかによって、結論が異なることとなります。

2(1)　上記の先例の判断は、Bの権利取得の時期を基準としているものと解されます。
　　　つまり、Bは元来、Aと同順位で根抵当権を有しているので、抹消されたAの根抵当権が回復しても、Bには不利益はないと考えて、Bは、利害関係人に該当しないと解することとなります。
 (2)　一方、抹消された登記の回復手続の時点を判断基準とする見解があります。
　　　この見解によれば、元来AとBは同順位であったところ、Aの根抵当権の登記が抹消されたことにより、Bは単独で先順位となったのであり、Aの登記が回復されれば同順位の立場に戻ること

となると考え、Bにとって不利益であるので、Bは利害関係人に該当すると解することとなります。

3　法文上「登記上」と規定されているので抹消回復手続の時点での登記形式上から判断すべきと考えますが、登記実務上は先例の見解に従うしかないところです。

96 登記官の過誤により抹消された登記の抹消回復登記の根拠

　登記官の職権更正の手続に準じて、抹消された登記の回復をすることとなります。

1(1)　登記官の過誤によって抹消された登記は、不法に抹消されたものとしてその効力は、消滅しないと解されます（ 94 ）。
　　　登記は対抗要件であるところ、法律上の抹消原因がなければ、その対抗力は存続し、その登記は依然として有効と考えられるからです。
 (2)　法文上、職権更正についての規定は存するものの（不登67）、登記官の過誤による登記の「抹消」の場合の登記の回復については、直接の規定はありません。しかし、解釈によって、これを認める根拠を不動産登記法67条に求めるべきものと解されています。

2(1)　すなわち、登記の一部が有効であって、登記の全部が無効でない場合に「更正」の登記が認められると解される（ 14 ）のであれば、抹消された登記が依然として有効であると解される「抹消」の場合にも職権更正を認めるべきと解されます。
 (2)　この点について、先例は、「登記官の過誤によって抹消された登記については、不動産登記法64条（現行67条）による職権更正の手続に準じて、その回復の登記をすべきである。」（昭36・5・29民甲1256）と解しています。
 (3)　もっとも、登記上の利害関係人が存するときは、その者の承諾が必要となります。登記官の過誤が原因であっても、自由に抹消

回復ができるとすると、利害関係人の利益を害するからです。

　この登記上の利害関係人の意味は、当事者に原因のある抹消回復の場合と同様です（ 94 ）。

3　それは、例えば、抹消すべきでない（根）抵当権を誤って抹消している場合、次のように記録されます。

1	根抵当権設定	（事項省略）	（事項一部省略） 根抵当権者　Ａ
1	根抵当権設定	（事項省略）	（事項一部省略） 根抵当権者　Ａ 平成○年○月○日登記
2	抵当権設定	（事項省略）	（事項一部省略） 抵当権者　Ｂ
3	1番根抵当権抹消	平成○年○月○日 第○号	原因　平成○年○月○日弁済
4	1番根抵当権回復	余　白	平成○年○月○日登記官の過誤につき○○法務局長の更正許可 平成○年○月○日受付 第○号により登記

（記録例845）

97　抹消回復登記の申請人

　所有権の登記の抹消回復登記と所有権の登記以外の登記の抹消回復登記の申請とで区別して検討する必要があります。

1(1)　抹消回復登記は、不法に抹消された、回復すべき登記の登記名義人が登記権利者であり、その登記が回復することにより、登記上直接に不利益を受ける者が登記義務者として（不登２十三）、共同申請（不登60）によってなされるのが原則です。
　　　また、登記官の過誤を原因とする抹消回復登記は、登記官の職権によるべきとされます。
 (2)　一方で、抹消回復登記には、登記上の利害関係人の承諾を要するとされ（不登72）、利害関係人とは、抹消回復登記によって、登記の形式上、損害を被る者と解されます（不登実務1008頁）。
 (3)　しかし、登記義務者と利害関係人の区別は、具体的事例によって、判断に苦慮する場合があります。

2　所有権の登記の回復の場合
 (1)　例えば、AからBへの所有権の移転の登記がなされていたところ、不法にこの登記が抹消されている場合、上述によればその抹消回復登記は、Bが登記権利者、Aが登記義務者となると考えられます。
 (2)　しかし、AからBへの所有権の移転の登記がなされ、この登記が抹消されたとしてCへの所有権の移転の登記がなされた後に、B名義の登記を回復する場合、登記義務者はAかCかの問題があ

ります。

　この場合、まずCの登記を抹消し上記(1)と同様の登記の状態に戻した上で、Aを登記義務者として、Bの登記を回復すべきものと考えます（鎌田薫＝寺田逸郎編『新基本法コンメンタール　不動産登記法』221頁〔橘田博〕（日本評論社、2010））。
(3)　なお、所有権の保存の登記の抹消回復はその登記の性質上、登記義務者は存しないので、登記名義人であった者の単独申請となると考えられます。

3　所有権の登記以外の登記の回復の場合
(1)　例えば、甲所有の土地に乙が抵当権を設定していたところ、この抵当権の登記が不法に抹消された後、甲から丙へ所有権の移転の登記がなされた場合の乙名義の抵当権の回復の登記の登記義務者は甲か丙かの問題です。
(2)　この場合、乙の抵当権の登記が回復すれば、登記形式上丙は抵当権の負担付の所有者となり不利益を受ける者となるので、丙は利害関係人であり、甲が登記義務者となるとする見解があります（東京高判平10・7・16判時1656・86）。
(3)　しかし、上記2と異なり、所有権と所有権以外の権利は、登記上両立できるので、乙の抵当権登記の回復によって、丙は登記上直接に不利益を受ける者となると解し、丙が抹消回復の登記義務者となるとしても（昭57・5・7民三3291）、公示上、不都合はないと考えられます。

98　仮登記の抹消回復と利害関係人の承諾

　本登記の抹消回復の場合と同様、仮登記の抹消回復の場合にも登記上の利害関係人の承諾を要しますが、その根拠の相違を検討すべきです。

1(1)　登記が不法に抹消され、その登記の回復をする場合に、登記上の利害関係を有する者（例えば、その抹消を前提として、新しく登記をした第三者）が存するときは、当該第三者の承諾がなければ、抹消回復の申請はできないとされています（不登72）。
 (2)　登記には、本登記と予備登記としての仮登記があるところいずれの登記の抹消回復についても、利害関係人の承諾を必要とすると解されますが、判例によれば、その理論的根拠が異なると考えられます。
　　それは、仮登記の効力とも関連して理解することとなります。

2(1)　まず、本登記が不法に抹消され、これを回復する場合、利害関係人の承諾を要するとする根拠は、登記の対抗力によると解されています。
　　すなわち、判例（最判昭36・6・16判時266・20）は、登記は対抗力が発生する要件であり、法律上の消滅事由がない限り対抗力は消滅しないとし、適法になされた登記が当事者が不知の間に不法に抹消された場合、抹消登記自体が存在していても、対抗力は消滅せず、登記が抹消されていない場合と同じく第三者に対抗することができると解しています。

(2) したがって、登記を受けた者は、物権に基づいて、その抹消された登記の登記義務者に対して、抹消回復請求をすることができると解されます。登記には、公信力がないので、抹消が不法になされたときは、物権が消滅したとする物権変動は生じていないし、適法に登記をした者は保護されるべきであるとの観点から理解できるところです。

そうすると、登記上の利害関係人が、抹消回復について承諾しない場合には、承諾すべき旨を請求することができることとなります。

3(1) しかし、仮登記の抹消回復の場合には、上記の根拠をそのまま適用するのは相当でないと考えられます。

仮登記の対抗力については、仮登記は、仮登記のままでは対抗力は認められないとする見解が有力と考えられます。

この見解によれば、仮登記は仮登記のままでは、第三者に対する対抗力がないから登記が不法に抹消されても、第三者に抹消回復の承諾を請求することはできないと解することとなります（最判昭30・6・28判タ50・26）。

(2) この見解の結論は、仮登記権利者に不利であり、妥当でないと考えられます。

「仮登記は、物権保全の仮登記たると、請求権保全の仮登記たるとを問わず、〔略〕実体法上の対抗力を賦与するものでないが、その仮登記に基づいて後に本登記がされると、「本登記ノ順位ハ仮登記ノ順位ニ依ル」こととなるのであつて、この意味において、仮登記は、本登記の順位保全の効力を有するとともに、この順位保全を公示して一般に警告することを目的とするものであるから、〔略〕本登記の不法抹消について回復登記を許すのに準じて、

仮登記の不法抹消についても、その回復登記を許すのが相当であり、したがつて、仮登記が不法に抹消された場合には、仮登記権利者は、登記上利害の関係ある第三者に対して回復登記手続につき承諾を与えるべき旨を請求することができるものというべく〔略〕」とする判例（最判昭43・12・4判時537・25）の見解の方が結果が妥当であると理解できるところです。

(3) 以上のようにして、仮登記には、本登記のように対抗力が認められないものの、本登記の順位保全の効力と、順位保全の警告の効力を根拠として、仮登記が不法に抹消された場合に、その回復について、登記上の利害関係人に対して承諾することを請求することができると解することとなります。

第10　仮処分に関する登記の抹消

99　仮処分の登記に後れる登記の抹消と仮処分の登記自体の抹消の形態

　仮処分の登記は、登記官の職権によって抹消される場合と、裁判所の嘱託によって抹消される場合があります。

1(1)　不動産に関する処分禁止の仮処分の執行は、処分禁止の登記によって行われます（民保53①）。
　　　この処分禁止の登記は、嘱託によるので、その抹消も裁判所からの嘱託によるのが本来であり、登記官の職権による抹消はできないと解されていました（昭40・2・19民甲341）。
(2)　しかし、この抹消の嘱託がなされない例が多く、実務上の支障があったとされ、この不都合を解消するため、登記官において、債権者が仮処分の効力を援用したと明らかに判断できる場合には、仮処分の登記を職権で抹消できるとしたのが不動産登記法111条3項の規定と解されています。
(3)　登記官において、仮処分の効力が援用されたことが明らかな場合とは、不動産登記法111条1項又は2項により、仮処分の登記に後れる登記の抹消の申請があった場合であり、この場合には、登記官の職権により仮処分の登記は抹消されることとなります（**100**）。
(4)　それは、次のように記録されます。

| 1 | 所有権保存 | 平成○年○月○日
第○号 | 所有者　A |

2	処分禁止仮処分	平成○年○月○日第○号	（略） 債権者　B
3	所有権移転	平成○年○月○日第○号	（略） 所有者　C
4	3番所有権抹消	平成○年○月○日第○号	原因　仮処分による失効
5	所有権移転	平成○年○月○日第○号	（略） 所有者　B
6	2番仮処分登記抹消	余　白	仮処分の目的達成により平成○年○月○日登記

（記録例704・707）

　　5番の所有権の移転の登記と同時に2番の仮処分の登記に後れる3番の所有権の移転登記の抹消の申請がなされた場合、2番の仮処分の登記は、登記官の職権で抹消されることとなります。6番の登記事項がこれを示していると考えられます。

2(1)　登記官において、債権者が仮処分の効力を援用したと明らかに判断できない場合には、仮処分の登記は登記官の職権で抹消されません。この場合とは、不動産登記法111条1項又は2項以外の場合で仮処分の目的は達成されたものの、仮処分の登記に後れる登記の抹消がされない場合、例えば、仮処分の登記に後れる登記がない場合が考えられます。

　(2)　この場合には、登記官には、債権者が仮処分の効力を援用したか明確でないので本来の抹消の形態に戻って、仮処分の債権者の申立てによって、執行裁判所の書記官から「抹消申立」を原因とする仮処分の登記の抹消の嘱託がなされることとなります（民保規48）。

(3) それは、次のように記録されます。

2	所有権移転	平成○年○月○日 第○号	（略） 所有者　A
3	<u>処分禁止仮処分</u>	<u>平成○年○月○日 第○号</u>	<u>（略） 債権者　B</u>
4	所有権移転	平成○年○月○日 第○号	（略） 所有者　B
5	3番仮処分登記抹消	平成○年○月○日 第○号	原因　平成○年○月○日抹消申立

（記録例705）

100 仮処分の登記に後れる登記の抹消（所有権の場合）

　仮処分の効力の援用と、登記の抹消の申請時期に留意する必要があります。

1(1)　通達（平2・11・8民三5000）に示された事例に基づく不動産登記法111条1項の適用例は、次のとおりとされています。

甲区

1	所有権保存	平成○年○月○日第○号	所有者　A
2	処分禁止仮処分	平成○年○月○日第○号	（略）債権者　C
3	所有権移転	平成○年○月○日第○号	（略）所有者　E
4	3番所有権抹消	平成○年○月○日第○号	原因　仮処分による失効
5	所有権移転	平成○年○月○日第○号	（略）所有者　C
6	2番仮処分登記抹消	余　白	仮処分の目的達成により平成○年○月○日登記

乙区

| 1 | 抵当権設定 | 平成○年○月○日第○号 | （略）債務者　A
抵当権者　B |

2	抵当権設定	平成○年○月○日 第○号	（略） 債務者　A 抵当権者　D
3	抵当権設定	平成○年○月○日 第○号	（略） 債務者　E 抵当権者　F
4	2番3番抵当権抹消	平成○年○月○日 第○号	原因　仮処分による失効

（「民事月報Vol.46　号外」160頁以下（1991））

(2)　本例は次のとおりです。

　CがAから乙区1番のB名義の抵当権付き不動産を取得したところ、Aが所有権の移転登記に協力しないので、仮処分の申立てをし、甲区2番で処分禁止仮処分の登記がなされた。

　その後、債務者、設定者をAとするD名義の抵当権設定の登記が乙区2番でなされた。

　さらにその後、甲区3番でAからEへの所有権の移転の登記がなされ、乙区3番で債務者、設定者をEとするF名義の抵当権設定の登記がなされている。

　この場合、仮処分の目的を達成したCが自己名義の所有権の登記をする手続が検討されることとなります。

2(1)　所有権について仮処分をした後、当該仮処分の債権者が、その仮処分の債務者を登記義務者として所有権の登記を申請する場合においては、その債権者は単独申請によりその仮処分の登記に後れる登記を抹消することができると規定されています（不登111①、民保58①②）。

　つまり、Cは、Aを登記義務者として甲区5番の所有権の移転の

登記を申請する場合、甲区3番のE名義の所有権移転の登記と、乙区2番、3番のD、F名義の抵当権設定の登記の抹消を単独で申請することができることとなります。

(2) 古くは、仮処分の効力に絶対的効力を認めて、仮処分に反する行為は無効であると解されていましたが、現在では、相対的無効と考えて、仮処分の登記後の行為も認められている（昭24・7・19民甲1663）ので、仮処分の登記に後れる登記の抹消の方法が問題となったものと考えられます。

3(1) 仮処分の登記に後れる登記を抹消するには、あらかじめ、その登記の権利者にその旨を通知しなければならないとされ、その通知は抹消登記の申請の添付情報となります（民保58②④・59①、不登令別表71）。

(2) そして、この仮処分の登記の後れる登記とは「仮処分の登記より後順位の登記のうち、仮処分に対抗できることが登記記録上明らかな登記を除いたもの」とされています（平2・11・8民三5000第3 1(2)ウ）。

(3) この仮処分の登記に後れる登記の抹消の申請は、所有権の登記の申請と「同時」にすることを要するとされています。具体的には、同一の受付番号をもって登記することとなります（平2・11・8民三5000第3 1(2)エ(ア)(イ)）。その理由は、次のとおりと考えられます。

第1に、所有権の登記をする前に、この仮処分に後れる登記を抹消できるとすればその抹消は、仮処分債権者が本案判決を得ているか否か、すなわち、仮処分の効力を援用しているか否かの判断ができないからと考えられます。

第2に、担保権等の登記は、事前に抹消しなくても所有権の登記

の妨げとはなりません。そうすると、仮処分の登記に後れる所有権の登記の抹消後、所有権の登記をして仮処分の登記が職権抹消されてからの担保権等の登記の抹消は、結局、仮処分債権者が仮処分の効力を援用しているか否か、判断できないからと考えられます。

　したがって、所有権の登記と同時に抹消の申請がある場合に仮処分の効力の援用があったものと判断すべきであると考えられます。もっとも、現実には、乙区2番の抵当権の設定の登記の抹消が申請されないことはないと考えられます。
(4)　以上のことは、仮処分の効力の援用による仮処分の登記に後れる登記の抹消は、その全ての登記について申請がなくてはならないことを示していると考えられます。甲区については、仮処分の登記の後の所有権の登記が全て抹消されなければCへの所有権の登記は却下（不登25七）されることとなります（平2・11・8民三5000第3　1(2)エ(ウ)）。

4(1)　よって、仮処分の登記に後れる登記を抹消するには、甲区順位5番の登記をするとき、あらかじめ、甲区3番のEと乙区2番3番のD、Fに通知することとなります。
(2)　結局、本例においては、甲区3番の所有権の抹消、乙区2番3番の抵当権の抹消（不登令4ただし書、不登規35九）と甲区5番の所有権の移転の登記の3件の申請となると考えられます。
(3)　そして、最後に、甲区6番で登記官の職権により甲区2番の仮処分の登記を抹消することとなります（不登111③）。

101 仮処分の登記に後れる時効取得を原因とする所有権の登記の抹消

　登記記録上、時効取得による所有権の取得が仮処分債権者に対抗できるか否か判断できない場合は、仮処分債権者の単独申請による所有権の移転登記の抹消を否定する見解が有力です。

1(1)　仮処分の登記に後れる所有権の登記は、仮処分債権者が保全すべき登記請求権に係る登記をする場合、仮処分債権者に対抗することができず（民保58①）、当該仮処分債権者の単独申請によって抹消されるのが原則です（民保58②、不登111①）。
(2)　仮処分の登記に後れる登記の抹消が認められるのは、仮処分債権者の保全すべき権利の実現と抵触することが登記記録上「明らかな場合」と解されます。仮処分に後れる登記であっても、仮処分債権者の被保全権利と抵触しない権利は抹消すべきではないと解されるからです。
(3)　しかし、時効取得を原因とする所有権の登記が仮処分の登記に後れる登記である場合、時効取得の性質とその登記の形式から困難な問題が生じると考えられます。

2(1)　時効取得を原因とする所有権の取得の形式は、「所有権移転」として承継取得の形式によるとされているところ（明44・6・22民事414）、実体的には原始取得と解されます。つまり、仮処分債務者の処分によるものではありません。
　　また、仮処分の登記自体は、時効の完成猶予（民148）事由ではないと解するのが一般とされます。

そこで、時効取得を原因とする所有権の取得は、仮処分債権者に対抗することができると解されます（登研515号96頁）。
(2)　しかし判例（最判昭33・8・28民集12・12・1936）は、時効取得により所有権を取得した者は、その登記がなければ時効完成後に旧所有者から所有権を取得し、その登記を経由した第三者に所有権の取得を対抗することができないと解しています。
(3)　以上の見解を前提として、時効取得を原因とする所有権の移転の登記を、単独申請によって仮処分に後れる登記として抹消できるかを、場合を分けて検討します。

3(1)　所有権の移転の原因とされる時効取得の日（それは、時効の起算日（民144）です。）が仮処分の登記の20年以上前の日である、つまり長期時効取得（民162①）の場合を検討します。
(2)　この場合、占有者は悪意であっても時効が完成するものの、その登記をしていないので、仮処分債権者に所有権の取得を対抗することはできないと考えられます。
(3)　よって、仮処分債権者は、仮処分の登記に後れる所有権の登記を単独申請で抹消することができると考えられます（登研515号96頁）。

4(1)　しかし、短期時効取得（民162②）の場合には、取得者の占有開始時の善意、悪意によって時効の完成の判断が異なることとなります。
　この取得者の善意、悪意は、登記記録から判断することはできないので、時効取得による所有権の取得は仮処分債権者に対抗することができるか否か判断することができないこととなり、この場合には、仮処分債権者の所有権の登記の単独申請による抹消は

できないと考えることとなります（登研515号97頁）。
(2)　したがって、このような場合には、別途共同申請による抹消か、判決による単独申請による抹消の方法をとることとなると考えられます。
(3)　いずれにしても、登記記録上から、仮処分債権者の保全すべき権利の実現と仮処分の登記に後れる登記が抵触するか否か、判断することができない場合が生じるのであり、これを防止するため、仮処分債権者としては、仮処分の実行後、時効完成のおそれがあるときは、時効完成を阻止するための方法（例えば裁判上の請求（民147））をすることが必要とされることがあると考えられます。

102 仮処分の登記に後れる登記の抹消（所有権以外の権利の場合）

　所有権の場合に準じて処理されますが、甲区には、何らの登記はされない点に留意する必要があります。

1(1)　通達（平2・11・8民三5000）に示された事例に基づく不動産登記法111条2項の適用例は次のとおりとされています。
乙区

1	抵当権設定	平成○年○月○日第○号	（略） 抵当権者　A
付記1号	<u>1番抵当権処分禁止仮処分</u>	平成○年○月○日第○号	（略） 債権者　B
付記2号	<u>1番抵当権移転</u>	平成○年○月○日第○号	（略） 抵当権者　C
付記3号	1番抵当権移転	平成○年○月○日第○号	（略） 抵当権者　B
2	1番付記2号抵当権移転抹消	平成○年○月○日第○号	原因　仮処分による失効
3	1番付記1号仮処分登記抹消	余　白	仮処分の目的達成により平成○年○月○日登記

（記録例709、「民事月報Vol.46　号外」171頁以下（1991））

(2) 本例は、BがAから抵当権の被担保債権の譲渡を受け、抵当権の移転の登記をしようとしたところ、Aが協力しないので、処分禁止の仮処分を申し立て、その旨の登記がなされた。

その後、当該抵当権がAからCに移転され、Bが仮処分の効力を援用して、1番付記2号の登記を仮処分の登記に後れる登記として抹消する事例です。

2(1) 不動産登記法111条2項は、「所有権以外の権利」の「移転」「消滅」の場合にも、同条1項に準じるとされています。
(2) 「所有権以外の権利」とは、例えば抵当権、地上権であり、「移転」とは全部、一部の移転、移転の更正、又は抹消であり、「消滅」とは、抵当権の抹消等であるとされ（平2・11・8民三5000第3 2(2)イ）、手続は、所有権の場合に準じることとなります。
(3) この所有権以外の権利についての仮処分の登記は付記登記によってなされるところ（不登規3四）、甲区には何らの事項も登記されません。

103 仮処分の登記に後れる処分制限の登記の抹消

　処分制限の登記も、仮処分の登記に後れる登記として抹消できますが、例外に留意する必要があります。

1(1)　例えば、AからBへ所有権の移転の登記がなされている不動産について、この所有権移転登記の抹消を本案として、Aを債権者とする処分禁止仮処分の登記が存するところ、甲が債権者として仮差押えの登記をした場合、Aが本案において勝訴し、Bの所有権の移転の登記を抹消するとき、甲の仮差押えの登記を仮処分に「後れる登記」（不登111①）として、抹消できるかが問題となります。

(2)　この点については、仮差押えの登記も「後れる登記」として抹消できると解され、それは次のように記録されます。

2	所有権移転	平成○年○月○日 第○号	（略） 所有者　A
3	所有権移転	平成○年○月○日 第○号	（略） 所有者　B
4	処分禁止仮処分	平成○年○月○日 第○号	原因　平成○年○月○日○○地方裁判所仮処分命令 債権者　A
5	仮差押	平成○年○月○日 第○号	原因　平成○年○月○日○○地方裁判所仮差押命令 債権者　甲

6	5番仮差押登記抹消	平成○年○月○日第○号	原因　仮処分による失効
7	3番所有権抹消	平成○年○月○日第○号	原因　平成○年○月○日解除
8	4番仮処分登記抹消	余　白	仮処分の目的達成により平成○年○月○日登記

（記録例704・707）

2(1)　仮差押えの登記は、所有権の移転の登記とは異なり処分の制限の登記と解されるところ、仮処分と仮差押えとは対抗問題として、その登記の前後によってその効力の優劣を考えれば足りるとされています。

　このように考えれば、甲の仮差押えの登記も「後れる登記」に含まれることとなります。

(2)　したがって、Aはあらかじめ、仮差押えの登記を有する甲に対して抹消する旨を、内容証明郵便により通知し（平2・11・8民三5000第3　1(2)オ(エ)）、仮処分による失効を登記原因として、Aの単独申請により仮差押えの登記を抹消することができることとなります（登先348号27頁）。

(3)　ただし、例外として、仮処分に後れる登記でも仮処分の登記に対抗できるものは、抹消することはできません。破産の登記、民事再生法等に基づく保全処分の登記等がこれに該当すると解されます（登先348号27頁、鎌田薫＝寺田逸郎編『新基本法コンメンタール　不動産登記法』317頁〔千葉和信〕（日本評論社、2010））。

　同様に、仮処分の登記の前に設定登記のされている抵当権の実行による差押えの登記は、仮処分の登記に優先できるので、単独で抹消することはできません（昭58・6・22民三3672、登研430号165頁）。

104 所有権の処分禁止仮処分の登記後の根抵当権の移転、債権の範囲の変更の登記を仮処分権者が単独で抹消申請することの可否

　根抵当権の設定の登記自体が、仮処分の登記前になされている場合、仮処分権者は、根抵当権の移転、債権の範囲の変更の登記を「仮処分による失効」を原因として、単独で抹消申請することはできません。

1(1)　例えば、A所有の不動産につき、Bが所有権移転請求権を本案として処分禁止の仮処分の登記を経由しているところ、Bが勝訴した。
　　　この場合、Bは、仮処分の登記前に設定し登記された根抵当権（根抵当権者C）について、仮処分の登記後になされた根抵当権の移転の登記、債権の範囲の変更の登記を単独で抹消できるかが問題となります。
　　　つまり、所有権の処分禁止仮処分に優先する根抵当権の設定の登記がなされている場合、仮処分の登記後の根抵当権の移転、債権の範囲の変更の登記を不動産登記法111条1項により抹消できるかの問題となります。
(2)　この点につき、先例（平9・1・29民三150）は、仮処分権者は、単独で自己への所有権移転の登記の申請と同時に、根抵当権の移転の登記、債権の範囲の変更の登記の抹消の申請はできないと解しています。

2(1)　仮処分の登記に後れる権利の取得、処分の制限は、仮処分権者が保全すべき登記請求権に係る登記をする場合には、その登記に

係る権利の取得又は消滅と「抵触」する限度において、仮処分債権者に対抗することができないとされ（民保58①）、仮処分債権者が、当該仮処分の効力を援用し、本案の権利を実現するため登記をするときは、仮処分の登記に後れる登記を単独で抹消申請することができる（**100**）とされています（民保58②、不登111①）。
(2)　ここで、根抵当権の移転（全部譲渡）は設定者Ａの承諾が必要であり（民398の12①）、また債権の範囲を変更する契約は、Ａと根抵当権者Ｃが当事者なので、これらの行為が処分禁止仮処分の禁止事項と抵触するのではないかとの疑問が生じるところです。

3(1)　根抵当権の移転についてのＡの承諾は、根抵当権の移転についてであって、所有権の処分についてではないと考えられます。仮処分債権者Ｂに優先する登記をした根抵当権者Ｃは、極度額を限度として仮処分債権者に対抗できると解されるので、処分禁止仮処分の禁止事項と「抵触」するものではないと考えられます（登研603号112頁）。

　　　よって、根抵当権の移転の登記を「仮処分による失効」を原因として抹消することはできないと考えられます。
(2)　同様にして、根抵当権の債権の範囲の変更についても、所有権の仮処分債権者は、法的利害関係を有するものではないと考えられるので、債権の範囲の変更は、仮処分の禁止事項と「抵触」するものではありません。

　　　よって、債権の範囲の変更の登記も不動産登記法111条1項により抹消することはできないこととなります。

4(1)　このようにして、所有権に関する処分禁止仮処分の方法によって、仮処分に優先する根抵当権の移転や債権の範囲の変更を阻止

することはできません。

　これらを阻止しようとするときは、当該根抵当権自体に対する仮処分によることが必要と考えられます（民保23①・13）。

(2)　それは、次のように記録されます。

1	根抵当権設定	平成○年○月○日第○号	（略） 根抵当権者　C
付記1号	1番根抵当権処分禁止仮処分	平成○年○月○日第○号	原因　平成○年○月○日○○地方裁判所仮処分命令 債権者　B

（記録例692）

105 抹消登記未了のまま登記義務者が死亡した場合の抹消登記請求権保全の仮処分の相手方

　登記義務者について、相続登記がなされているか否か、区別して検討する必要があります。

1(1)　例えば、AからBに売買を原因とする所有権の移転の登記がなされた後、Aが当該売買契約を解除したものの、所有権の移転の登記が抹消されないまま、Bが死亡した場合、自己の権利を保全するためにAのとるべき方法が問題となります。
(2)　この場合、前提としてAの被保全権利としての抹消登記請求権の性質を検討する必要があります。
　　この場合の抹消登記の登記原因は、AB間の売買契約の「解除」であり、Aの抹消登記請求権は、この解除による復帰的物権変動によって生じていると考えることができ、B自身に登記の抹消の義務が生じるのであり、Bの相続人はこの登記義務を承継するのであって、新たに自己の義務として登記義務を負うものではないと解されます。相続人は、相続開始の時から、被相続人の財産に属した「一切の権利義務」を承継し、登記義務はこれに含まれると解されるからです（民896）。
　　そして、この見解を前提として、「登記権利者、登記義務者又は登記名義人が権利に関する登記の申請人となることができる場合において、当該登記権利者、登記義務者又は登記名義人について相続その他の一般承継があったときは、相続人その他の一般承継人は、当該権利に関する登記を申請することができる。」（不登62）

とされたものと解されます。

2(1) そこで、Bの死亡後も登記名義がBのままである場合のAの手段としては、Bの相続人を相手方として処分禁止の仮処分を申請することとなると考えられます。Bは死亡しているので仮処分債務者とすることができないからです。

　Bの相続人が複数の場合には、相続人の全員を相手とすることとなります。相続人が複数の場合は、相続人の全員が抹消の登記の登記義務者となる（昭27・8・23民甲74）と解されているからです。

(2) なお、登記名義がBのままなので、登記上、代位申請（民423①）によって、相続人への相続登記をした上で仮処分の登記をすべきかが一応問題となります。

　先例（昭33・11・14民甲2351、昭62・6・30民三3412）は、代位による相続の登記をしなくても、死者名義のままの仮処分の登記を認めています。不動産登記法62条の規定により、Aに代位権を認める必要はないと考えられるからです。

(3) したがって、仮処分の債務者の表示は、単にBの相続人とするのではなく「被相続人B相続人C」（上記先例（昭33・11・14民甲2351））と記載し、Bについて相続登記をすることなく、仮処分の登記をすることができると考えられます。

3(1) Bの相続人名義に相続登記がなされている場合もあります。これには、Bの相続人がC一人である場合と、C、D等複数人の場合があります。

(2) Bの相続人がC一人である場合は、AはCへの相続登記と、B名義の所有権の移転の登記の抹消を求める必要があります。CはBの負っていた抹消の登記義務を承継しているし、CとAは対抗

関係ではないと解するのが一般と考えられるので所有権に基づく妨害排除請求権として、Cの登記の抹消を請求することができると解されます。
(3) Bの相続人がCDの複数人の場合でも、CDに対して共同相続による所有権移転の登記とBの登記の抹消が必要となります。

仮に、Bの相続人がCDで、法定相続の登記後その遺産分割によって、C単独の所有とされた場合でも、Dは、Bの負っていた抹消登記義務を承継しているので（昭34・9・15民甲2067）、Bへの所有権の移転の抹消の登記義務者となると考えられます。
(4) しかし、いずれにしても仮処分の申請は登記名義人となった相続人を相手とすべきと考えられます。登記名義人は目的の不動産を処分することができるのであり、これを阻止するためには、Aとしては、登記名義人を相手とすればよいと考えられるからです。

4 このように考えると抹消の本案訴訟と仮処分では、相手方の範囲が異なることとなります。転々と移転した所有権が各々無効の場合の仮処分は、現在の登記名義人に対してすれば足りますが、本案訴訟では、登記された者の全員を相手にするのと同様と考えられます。

106 仮処分の効力を援用せず、抹消しなかった仮処分の登記に後れる登記の抹消

　仮処分債権者が仮処分の効力を援用せず、仮処分の登記に後れる登記を抹消しなかった場合、もはや、仮処分債権者の単独で当該登記を抹消することはできません。

1(1)　所有権について、処分禁止の仮処分の登記がなされた後、当該仮処分債権者が当該仮処分債務者を登記義務者とする所有権の登記を申請する場合においては、当該仮処分債権者は、単独で当該仮処分に後れる登記の抹消を単独で申請することができるとされています（不登111①）。
 (2)　また、仮処分の登記に後れる登記であっても、仮処分の債権者がする所有権の登記の申請の妨げとならない登記（例えば、仮処分の債務者を設定者とする抵当権設定の登記）については、その抹消の申請がなくても、所有権の登記の申請を受理して差し支えないとされています（平2・11・8民三5000第3　1(2)エ(オ)）。
 (3)　甲区において、仮処分の登記に後れる所有権の登記が存する場合は、登記手続上、この仮処分の登記に後れる登記の抹消を申請しなければ、自己の所有権の登記をすることができないので、この登記の抹消の申請は同時にすることが必要的となると解されます。

　　反対に、自己の所有権の登記の申請の妨げとならない場合にはこの登記の抹消の申請を同時にする必要はないと解されます。

2(1)　登記官には、形式的審査権しかないので、所有権の登記の妨げとならない登記を「そのまま残す」とする仮処分債権者の所有権の登記の申請は、他に却下事由が存しない限り、そのまま受理するしかなく、受理する必要があることとなります。それが仮処分債権者の意思と考えられるからであり、そのまま登記を実行しなければならないからです。

(2)　このような登記状態は、上記1(2)の通達の場合のほか、例えば所有権について処分禁止の仮処分の登記の後、所有権の移転の仮登記がなされる場合に、仮処分債権者が仮処分債務者を登記義務者とする所有権の移転の登記を申請するとき、仮処分の効力を援用しないで、所有権の仮登記をそのままとして所有権の登記をする場合に生じると考えられます。

　また、同じく仮処分に後れる登記でも甲区の登記の抹消を申請したものの、乙区の登記の抹消を申請しなかった場合も考えられます。

3(1)　前述のように、仮処分債権者が単独申請によって、当該仮処分の登記に後れる登記を抹消できるのは、仮処分債権者が自己の所有権の登記と「同時」に申請する場合に限られています。

　したがって、従来の登記実務（昭28・11・21民甲2164）と同様、仮処分の効力を援用せず、抹消申請をしなかった場合には、その後の、仮処分債権者による抹消登記の単独申請は認められないと解されています。仮処分の効力の援用はその行使の方法も限定されていると考えられるからです。

(2)　もっとも、仮処分債権者が仮処分の効力を援用しないことは、実体上の抹消登記請求権を失うことを意味しないと考えられます。実体上、抹消する事由があるときは、別途抹消登記請求権を

行使することができると考えられます。

　ただ、仮処分の効力を援用しての抹消ではないので、単独申請によることはできず共同申請（不登60）となり、仮処分の登記に後れる登記の登記名義人の協力が得られない場合には、抹消登記請求訴訟による勝訴判決により抹消することとなると考えられます。

第11　特殊な登記の職権抹消

107　予告登記の職権抹消

　登記上、残っている予告登記は、登記官の職権によって抹消されます。

1(1)　現行の不動産登記法（平成16年6月18日法律123号）には、改正前に規定されていた予告登記に関する規定（平16法123による改正前の不登3・34・145）がなく、予告登記の制度は廃止されたものです。
 (2)　予告登記制度の目的は、登記の抹消等の訴えが提起されている不動産について、第三者の利益を保護し、取引によって不測の損害を受けないようにする点にあると解されていました（最判昭45・12・10判時619・50）。
　　これによれば、予告登記には第三者に対する警告的機能があるに過ぎず、権利保全の効力、対抗力はないと解されていました。
　　また、予告登記の制度が、執行妨害等、濫用的に利用されているとも考えられていました。
　　これらが、現行法上、予告登記の制度を廃止した理由と考えられています。

2(1)　このように、予告登記の制度が廃止されても、既に登記されている予告登記が残存している場合も散見されるので、その取扱いは、次のように規定されています。
 (2)　この場合、登記官は、職権によって予告登記を抹消する権限を有するとされています（不登規附則18①）。
　　しかし、全ての予告登記を探索して、これを抹消することは、事実上不可能と考えられます。そこで、以下のような場合に抹消することとされています。

① 予告登記が登記されている不動産について「登記をする」場合（不登規附則18②）

これは、当該不動産に「何らかの登記」がなされる場合で、権利に関する登記に限らず表示に関する登記でもよいと解されています。

② 利害関係人等から予告登記の抹消の申出があった場合（平17・2・25民二457第3　3(1)(3)）

この申出は、登記官の職権の発動を促す趣旨であり、利害関係人等の口頭でもよいと解されます。

3(1)　それは、次のように記録されます。

2	所有権移転	平成○年○月○日第○号	（略） 所有者　A
<u>3</u>	<u>2番所有権抹消予告登記</u>	平成○年○月○日第○号	原因　平成○年○月○日○○地方裁判所へ訴提起
4	3番予告登記抹消	余　白	不動産登記規則附則第18条の規定により抹消 平成○年○月○日受付 第○号により登記

（記録例865）

(2)　なお、このように予告登記は抹消されるので、登記事項を「移記」する場合には、現に効力を有しない事項として移記しないこととされています（平17・2・25民二457第3　4)。

前述1(2)のような予告登記の機能からすれば、分筆等の登記による登記事項の「転写」の場合も同様と解されます。

108 強制競売による所有権の移転の場合の、滞納処分に関する差押え、参加差押えの登記の抹消

これらの登記は、登記官の職権で抹消されます。

1(1) 強制競売の開始決定のあった不動産に、滞納処分による差押えがあり、強制競売による所有権の移転の登記がされたときは、登記官は、滞納処分による差押、参加差押の登記を抹消しなければならないとされています（滞納強制調整32・30）。
(2) それは次のように記録されます。

甲区

2	所有権移転	平成〇年〇月〇日第〇号	（略） 所有者　A
3	差押	平成〇年〇月〇日第〇号	原因　平成〇年〇月〇日〇〇地方裁判所担保不動産競売開始決定 債権者　B
4	差押	平成〇年〇月〇日第〇号	原因　平成〇年〇月〇日〇税務署差押 債権者　財務省
5	所有権移転	平成〇年〇月〇日第〇号	原因　平成〇年〇月〇日担保不動産競売による売却 所有者　C
6	3番差押登記抹消	平成〇年〇月〇日第〇号	原因　平成〇年〇月〇日担保不動産競売による売却

| 7 | 4番差押登記抹消 | 余　白 | 平成○年○月○日5番の登記をしたので滞納処分と強制執行等との手続の調整に関する法律第32条の規定により抹消 |

(記録例683・684)

2(1)　裁判所による売却許可決定が確定すると、買受人は代金を裁判所に納付し、目的不動産の所有権を取得します。

　　　この所有権の移転の登記は、裁判所書記官の嘱託によってなされますが、この所有権の移転と共に、売却によって消滅した権利や仮処分、差押え、仮差押えの登記の抹消もなされます（民執78・79・82・188）。

(2)　この抵当不動産の競売による売却による嘱託書の例（平17・2・23民二491）の内容として、「抹消登記目録」がありますが（抵当登記348頁）、そこには、抹消すべき登記として、4番の滞納処分による差押えの登記は記載されません。

　　　この滞納処分による差押えの登記は、滞納処分と強制執行等との手続の調整に関する法律の規定により、登記官の職権により抹消することとなります。

＜著者略歴＞

青木　登

早稲田大学法学部卒

東京法務局各支局・出張所にて、総務登記官・戸籍指導官・国籍調査官・訟務官、さいたま地方法務局にて総務登記官を歴任

＜主要著書・論文＞

「問答式　不動産登記の実務」（新日本法規出版）共著

「抵当権の抹消原因についての一考察」（民事法務協会）

「第一回香川記念論文」第３位入賞（テイハン）

「登記官からみた　登記原因証明情報　作成のポイント」（新日本法規出版）

「登記官からみた　「真正な登記名義の回復」・「錯誤」－誤用されやすい登記原因－」（新日本法規出版）

「登記官からみた　相続登記のポイント」（新日本法規出版）

「抵当権・根抵当権登記のポイント－設定から実行まで－」（新日本法規出版）

「元登記官からみた　登記原因証明情報－文例と実務解説－」（新日本法規出版）

「キーワードからひもとく　権利登記のポイント－元登記官の視点－」（新日本法規出版）

元登記官からみた　抹消登記のポイント

令和元年９月27日　初版発行

著　者　青　木　　登

発行者　新日本法規出版株式会社
代表者　星　　謙一郎

発行所	新日本法規出版株式会社		
本　　社 総轄本部	(460-8455)	名古屋市中区栄１－23－20 電話　代表　052(211)1525	
東京本社	(162-8407)	東京都新宿区市谷砂土原町２－６ 電話　代表　03(3269)2220	
支　　社	札幌・仙台・東京・関東・名古屋・大阪・広島 高松・福岡		
ホームページ	https://www.sn-hoki.co.jp/		

※本書の無断転載・複製は、著作権法上の例外を除き禁じられています。
※落丁・乱丁本はお取替えします。

ISBN978-4-7882-8617-7

5100083　抹消登記ポイント　　　　　Ⓒ青木登 2019 Printed in Japan